Sprache und Lesen

4

Arbeitsheft
Lesen

Erarbeitet von

Marion Gutzmann

Irene Hoppe

und

der Cornelsen Redaktion

Primarstufe

Sprache und Lesen

4

Arbeitsheft
Lesen

Erarbeitet von
Marion Gutzmann, Irene Hoppe und der Cornelsen Redaktion Primarstufe

Begutachtung
Stephanie Aschenbrandt, Yurdakul Çakır-Dikkaya

Redaktion
Sabine Gerber

Bildredaktion
Janin Hacker

Illustration
Julia Dürr, Sebastian Koch (Leo und Lina)
(vgl. auch das Bildquellenverzeichnis)

Umschlaggestaltung
Katharina Wolff-Steininger und Rosendahl Grafikdesign

Umschlagillustration
Alexandra Prosen

Layoutkonzeption
Rosendahl Grafikdesign

Layout und technische Umsetzung
Kati Klaeske, Berlin

www.cornelsen.de

1. Auflage, 5. Druck 2024

 Alle Drucke dieser Auflage sind inhaltlich unverändert und können im Unterricht nebeneinander verwendet werden.

© 2013 Cornelsen Schulverlage GmbH, Berlin
© 2019 Cornelsen Verlag GmbH, Mecklenburgische Str. 53, 14197 Berlin

Druck: Drukarnia Dimograf Sp. z o.o., Bielsko-Biała

ISBN 978-3-06-082821-0

PEFC-zertifiziert
Dieses Produkt
stammt aus
nachhaltig
bewirtschafteten
Wäldern und
kontrollierten Quellen
PEFC
PEFC/32-31-076   www.pefc.pl

Inhaltsverzeichnis

1. Orientiere dich:
   – Lies die Überschrift(en) und schau dir die Bilder an.
   – Überfliege den Text.
2. Denke nach:
   – Worum könnte es im Text gehen?
   – Was weißt du schon über das Thema?
   – Was möchtest du erfahren?

Was bedeutet überfliegen?

Rutsche mit den Augen von Zeile zu Zeile. Lies nicht jedes einzelne Wort.

Ich denke, im Text geht es um

_____ .

Das weiß ich schon über das Thema:

_____

Das möchte ich wissen:

_____

Ein besonders schlimmer Schultag für Moritz

In die Schule kam Moritz zu spät. Herr Geiger war gerade dabei, Mathearbeiten zurückzugeben. Er sagte nichts, sondern überreichte Moritz sein Heft. Alles
5 richtig, aber nur die Hälfte der Aufgaben geschafft. Also eine Vier. Die dritte im Monat. Vieren tun weh.
„Moritz, morgen bringst du die Unterschrift von deinem Vater, ist das klar?"
10 Herr Geiger sagte es etwas ungemütlich.

In der fünften Stunde war Zeichnen. Thema: Ein Sommertag. Moritz malte

eine Waldwiese, auf der viele Vögel herumsaßen. Einige trugen Zylinder-
15 hüte, andere helle Sommerhüte mit Blumen drauf. Vom Himmel leuchtete

Bildungsstandard:
Texte erschließen/Verfahren zur ersten Orientierung über einen Text nutzen

Schritte des Lesetrainings mit der gesamten Lerngruppe bzw. in kleineren Gruppen einführen, Begriffserklärungen nutzen, weitere Begriffe klären

▶ zu BB Unsere Schule – meine Klasse

eine gemütliche Sonne herunter, mit
Haarlocken und Brillenaugen. Moritz
machte das Malen richtig Spaß.

20 Frau Blaschke ging durch die Reihen
und nahm die Zeichnung hoch. „Sonne
mit Ohren und Vögel mit Hüten, das
gibt es nicht. Was soll dieser Quatsch,
Moritz?"

25 So viel Pech an einem Tag. Ganz elend
war Moritz zumute. Er musste jetzt
allein sein, ganz allein nur mit sich.
Moritz ging in den Park. Dort am Teich
konnte man ruhig ins Wasser starren
30 und an nichts denken. Moritz kletterte
auf den dicken Stamm der Weide, der
sich übers Wasser neigte.
Dann holte Moritz das Matheheft aus
der Mappe und blätterte darin.

35 Er schaukelte das Heft zwischen den
Fingern und ließ es plötzlich los.
Ein großer Schwan stürzte sich darauf
und zottelte es hin und her, als wollte
er es umblättern. Und in einer An-
40 wandlung, die sich Moritz später selber
nicht mehr erklären konnte, warf er das
Mathebuch hinterher. Zuletzt noch die
Zeichnung.

Christa Kožik

① Überprüfe deine Vermutung.
Tausche dich mit einem
Partnerkind aus.

② Hast du im Text etwas erfahren,
was du wissen wolltest?
Markiere diese Stellen im Text.

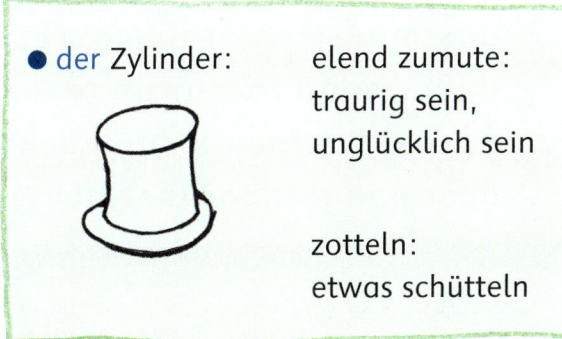

● der Zylinder:

elend zumute:
traurig sein,
unglücklich sein

zotteln:
etwas schütteln

③ Moritz hat eine Vier in der Mathearbeit.
Wie fühlt er sich wohl? Begründe.

Moritz fühlt sich _____ , weil _____

_____ .

④ Ist das Heft mit der Mathearbeit aus Versehen in den Teich gefallen?
Oder hat Moritz das Heft mit Absicht fallen lassen?
Tausche dich mit einem Partnerkind aus.

① Welche Adjektive haben sich in den Namen versteckt?
Markiere.

Frau Mischlau   Herr Grund   Frau Schliebart

Frau Astrenge   Herr Sonnegut   Herr Plustiger

② Lies das Gedicht und setze an jedes Wortende einen Strich.
Wie viele Wörter (die Überschrift mitgezählt) hat das Gedicht?
Kreise die richtige Zahl ein.

Kleiner Unsinn

Wer|nicht|richtig|lesen|kann
fangnochmalvonvornean
dennichschreibehierdieworte
andersalsmaneuchgelehrt
zwarnichtunbedingtverkehrt
sonderneinfachaneinander
dassmansienichtgleicherkennt
auchwennihrdasunsinnnennt
docheinkleinerunsinnmacht
dassmangerndarüberlacht.

Gottfried Herold

49 Wörter

53 Wörter

61 Wörter

③ Lies den Witz gemeinsam mit Partnerkindern.
Ihr könnt den Witz auch spielen.

Herr Kluge versucht verzweifelt, seinem Schüler Max
das Addieren zu erklären. Er versucht es mit einem Beispiel:
„Schau, Max, wenn ich hier drei Eier auf den Tisch lege,
und du legst noch einmal drei Eier dazu –
wie viele sind es dann?"
Max überlegt lange, dann sagt er schließlich:
„Tut mir echt leid, Herr Kluge,
aber ich kann keine Eier legen."

1. Übung zur Segmentierung von Wörtern in Wortteile
2. Übung zur Segmentierung von aneinandergereihten Wörtern ohne Wortgrenzen in Einzelwörter
3. Übung zum Überprüfen von Hypothesen

► zu BB Unsere Schule – meine Klasse

4 Lies die Knobelei genau.

 Überprüfe deine Lösung mit einem Partnerkind.

Um in die Schule zu kommen, muss Lina eine 1 000 Meter lange Allee entlang
laufen, vorbei an einer Eisdiele und an einem Kino. Mit dem Tacho am
Fahrrad hat sie irgendwann ausgemessen, dass die Eisdiele 530 Meter von
der Schule entfernt ist und dass es von zu Hause 750 Meter bis zum Kino sind.
Wie weit sind Kino und Eisdiele voneinander entfernt?

Christa Erichson

Lösung: Eisdiele und Kino sind _____ Meter voneinander entfernt.

5 Ergänze die fehlende Note im Gedicht.

 Vergleiche mit einem Partnerkind.

Noten, Noten, Noten …

Hab ich eine Fünf gebaut,
schimpfen meine lieben Eltern
ziemlich lang und ziemlich laut.

Schreib ich aber eine _____ ,
fragen die aus meiner Klasse,
ob ich wohl ein Streber sei.

Am besten, alle Noten
würden streng verboten!

Paul Maar

6 Lies genau und nummeriere die Zeilen in der richtigen Reihenfolge.

Unglaublich gruselig!

☐ Im Oktober 1998 machte der Hausmeister der

☐ Kinton High School in Großbritannien eine

☐ 4,5 Hektar große Sportplatz der Schule

☐ schaurige Entdeckung. Der gesamte

☐ war mit einem Spinnennetz bedeckt. Tausende

☐ von Wolfsspinnen hatten es gemeinsam gewoben.

① Lies die Überschriften und schau dir die Bilder an.
Überfliege den Text. Denke nach: Worum könnte es im Text gehen?
Was weißt du schon über das Thema? Was möchtest du erfahren?

Ich denke, im Text geht es um

_____ .

Das weiß ich schon über das Thema:

_____

Das möchte ich wissen:

_____

Unterricht im fahrenden Klassenzimmer

Mini-Schule auf vier Rädern

„Was ist das?", fragt die Lehrerin auf Englisch und hält eine Bildkarte hoch. „A tree", antwortet die 11-jährige Maja, „ein Baum". Die Lehrerin hakt nach:
5 „Aber das ist doch mehr als ein Baum. Wie nennt man das?" „Oh ja, ich weiß es: Das ist ein Wald, a forest!", ruft die 13-jährige Sascha stolz dazwischen. Während die beiden Mädchen gemein-
10 sam mit ihrer Lehrerin englische Vokabeln pauken, sitzen am Nebentisch die älteren Schüler Nicolai, Saidou und Jegor in ihre Bücher vertieft. Über ihren Köpfen hängt eine Weltkarte an der
15 Wand, in der Ecke stehen ein Computer, ein Skelett und ein randvoll gefüllter Bücherschrank.

Wir befinden uns im „fahrenden Klassenzimmer" der Zirkusschule des Zirkus
20 FlicFlac. Die Mini-Schule befindet sich in einem geräumigen Wohnwagen und zieht mit dem Zirkus das ganze Jahr lang von Stadt zu Stadt. In diesem Schuljahr besuchen hier fünf schulpflichtige Kin-
25 der zwischen 8 und 15 Jahren sowie zwei 18-Jährige den Unterricht. Die Eltern der Schüler sind Artisten oder arbeiten als Ticketverkäufer und Büroangestellte im Zirkus.

1. vor dem Lesen des Textes: Verfahren zur ersten Orientierung nutzen und Vorwissen aktivieren

Vermutungen einzelner Kinder zum Textinhalt vortragen und gemeinsam darüber nachdenken, Begriffserklärungen nutzen bzw. Begriffe klären

▸ **zu** BB Unsere Schule – meine Klasse

Viel reisen und neue Leute

30 „Ich finde es toll, beim Zirkus zu leben. Ich liebe das viele
Reisen und kann ganz Deutschland erkunden. Und man lernt
immer wieder neue Menschen kennen", erzählt der 15-jährige
Nicolai mit glitzernden Augen. Vita ist erst acht und macht
bereits waghalsige Kunststücke an zwei Bändern, die in luftiger
35 Höhe aufgehängt werden. Wenn sie mal groß ist, will sie Artistin
werden, genau wie ihre Eltern. „Es macht mir einfach Spaß,
hier zu leben. Ich guck mir oft die Show an und alle meine
Freunde sind hier."

Kein Mobbing im fahrenden Klassenzimmer

Sascha kommt aus Polen und ist dort früher auf eine normale
40 Schule gegangen: „Ich hab das fahrende Klassenzimmer
wesentlich lieber als die andere Schule", erzählt sie.
Nicolai ist froh darüber, dass an der kleinen Schule der
Zusammenhalt viel stärker ist als an normalen Schulen:
„Es gibt hier überhaupt kein Mobbing, wir lösen
45 Probleme gemeinsam. Und ich finde es klasse, dass
man unserer Lehrerin so gut vertrauen kann."

Kathrin Dorscheid

nachhaken:
nachfragen

● das Mobbing:
gemein sein,
andere ärgern

② Überprüfe deine Vermutung.
Tausche dich mit einem Partnerkind aus.

③ Hast du im Text etwas erfahren, was du wissen wolltest?
Markiere diese Stellen im Text.

④ Zwei Dinge mag Nicolai besonders an seiner Schule. Notiere.

Fabeln sind kurze Geschichten, in denen Tiere wie
Menschen sprechen und handeln. Am Ende
einer Fabel steht oft eine Lehre. Das ist ein Satz, aus
dem die Leserinnen und Leser etwas lernen können.
Untersuche eine Fabel:

1. Suche die Tiere heraus.
   Welche Eigenschaften haben die Tiere?
2. Finde den Satz, in dem die Lehre steht.
   Was denkst du darüber?

Das Wettrennen

Ein Elefant traf eines Tages ein Chamäleon und
verspottete es, weil er es so klein fand.
„Klein mag ich sein", antwortete das Chamäleon,
„dafür aber schneller als du!"
5 „Das mag ich nicht glauben!", rief der Elefant und
forderte das Chamäleon am nächsten Morgen zu
einem Wettlauf heraus.

Das Chamäleon rief sofort alle seine Brüder zusammen.
Es sagte: „Wir wollen dem Elefanten beweisen, dass
10 Klugheit oft mehr vermag als Stärke. Versteckt euch
morgen früh längs des Weges, bis der Elefant auftaucht!"

Als am nächsten Morgen das Rennen begann, trampelte
der Elefant gleich los, das Chamäleon aber sprang auf
seinen Schwanz, wurde grau wie der Elefant und
15 klammerte sich fest.

Nach kurzer Zeit stieß der Elefant auf den ersten der
Chamäleon-Brüder und fragte: „Wie? Du bist schon hier?
Bist du nicht müde?"
„Nein", antwortete der Chamäleon-Bruder und
20 flitzte vor dem Elefanten davon.

10

Bildungsstandard:
über Leseerfahrungen verfügen/
literarische Texte kennen, verstehen
und unterscheiden

Schritte des Lesetrainings mit der gesamten Lerngruppe bzw. in kleineren Gruppen
einführen, Begriffserklärungen nutzen,
ggf. weitere Begriffe klären

▸ zu BB Ich und du

Als der Elefant um die nächste Ecke bog, sah er den zweiten Chamäleon-Bruder, der ihm auch davonlief. So ging der Wettlauf weiter, ohne dass der Elefant ein Chamäleon überholen konnte.

25 Endlich blieb er schnaufend stehen und ließ sich erschöpft fallen. Da sprang das Chamäleon von seinem Schwanz und fragte: „Also, wer ist schneller?"
„Du hast die Wette gewonnen!", antwortete der Elefant und so hatte der Kleine den Großen besiegt, die Klugheit die Stärke.

Aus Afrika

verspotten:	längs:	stieß auf:
auslachen, hänseln	entlang, am Rand des Weges	begegnete

① Die Fabel handelt vom Elefant und vom Chamäleon.
Von welchem Tier spielen auch die Brüder mit? Kreuze an.

☐ Elefant   ☐ Chamäleon

② Welche Eigenschaften haben die Tiere? Ergänze die Tabelle.
Ein Wort steht nicht im Text und passt nicht.

groß   klein   stark   klug   traurig

Elefant	Chamäleon

③ Im Text sind drei Stellen markiert. An welcher Stelle steht die Lehre?
Kreuze an.

☐ am Anfang   ☐ in der Mitte   ☐ am Ende

④ Was denkst du über die Lehre?
Tausche dich mit einem Partnerkind aus.

① Wer ist Isegrim? Kreuze an.

ISEG RIMI STEINWOL FIND ERFA BEL.

☐ ● ein Wal   ☐ ● ein Steinadler   ☐ ● ein Wolf

② Welche beiden Wörter passen in die Lehre?
Schreibe die Wörter auf die Schreibzeile.

Zwei Meisen fanden ein A

Zwei Meisen
fanden ein A.
Jede wollte es haben.
Hört, was geschah.

Die eine hat's an sich gerissen.
Juchhe, ihr ist es geglückt!
Drauf hat die Meise ohne A
die Ameise aufgepickt.

alles haben

anderen helfen

jeden füttern

Man soll nicht _____ wollen,
das ist's, was wir uns merken sollen.

Josef Guggenmos

③ Was passt? Ergänze die Eigenschaften.

Wer nicht dumm ist, der ist _____ .

Wer nicht schwach ist, der ist _____ .

Wer nicht faul ist, der ist _____ .

Wer nicht ängstlich ist, der ist _____ .

Wer nicht gierig ist, der ist _____ .

fleißig

schlau

bescheiden

stark

mutig

④ In der Fabel haben Tiere Eigenschaften.
Was passt zusammen? Ergänze das Lösungswort.

1 Löwe	freundlich, gutmütig (B)
2 Fuchs	gierig, rücksichtslos (L)
3 Bär	schlau, listig (A)
4 Esel	stark, königlich (F)
5 Wolf	dumm, störrisch (E)

1	2	3	4	5

___ ___ ___ ___ ___

⑤ Markiere den falschen Buchstaben.
Schreibe die richtigen Tiernamen auf.

Der Adler und die Schuldkröte   die Sch _____

Der Löwe, der Fachs und der Esel   _____

Die Stadt- und die Lundmaus   _____

Die Grolle und die Ameise   _____

Der Frusch, der dem Stier gleichen wollte   _____

Der Rube und der Fuchs   _____

⑥ Lies genau und nummeriere die Zeilen in der richtigen Reihenfolge.

Unglaublich alt!

☐ Was bedeutet das Wort „veräppeln"? „Veräppeln"

☐ seit dem Mittelalter. „Veräppeln" geht wahrscheinlich

☐ ewil = Dummkopf zurück. Es bedeutet also „verspotten".

☐ hat nichts mit Äpfeln zu tun. Das Wort gibt es schon

☐ auf das Wort eppel = nicht oder auf das Wort

① Lies die Überschrift und schau dir die Bilder an.
Überfliege den Text. Denke nach: Worum könnte es im Text gehen?
Was weißt du schon über das Thema? Was möchtest du erfahren?

Die Grille und die Ameise

Eine Grille kam bei strenger Kälte zu ihrer Nachbarin,
der Ameise.
„Frau Nachbarin", sagte sie, „leih mir doch bitte etwas
zu essen, denn ich bin hungrig und habe nichts."

5 „Hast du denn keine Vorräte für den Winter gesammelt?",
fragte die Ameise.
„Ich hatte ja keine Zeit dazu", war die Antwort.
„Keine Zeit, Frau Grille? Was hast du denn den Sommer
über getan?"
10 „Ich habe gesungen und musiziert", erwiderte die Grille.

„Nun gut", entschied die Ameise, „da du den Sommer
musiziert hast, so magst du im Winter tanzen.
Wer nicht arbeitet, soll auch nicht essen."

Äsop

● strenge Kälte: ○ Vorräte sammeln: musizieren:
sehr, sehr kalt   Dinge zum Essen sammeln   Musik machen

---

② Welches Tier kommt in der Fabel nicht vor?
Streiche das Bild durch.

1. vor dem Lesen des Textes: Verfahren zur
ersten Orientierung nutzen und Vorwissen
aktivieren
2. Lösung mit Hilfe von Textstellen belegen: durchstreichen

Vermutungen einzelner Kinder zum Textinhalt vortragen und gemeinsam darüber
nachdenken, Begriffserklärungen nutzen,
ggf. weitere Begriffe klären

► **zu** BB Ich und du

③ Welche Eigenschaften passen zu den beiden Tieren in der Fabel am besten? Rahme das Wortpaar ein.

gut und böse   klein und groß

stark und schwach   arm und reich   fleißig und faul

④ Markiere den Satz, in dem die Lehre steht.

In welcher Zeile steht der Satz? Zeile _____ .

⑤ Was bedeutet die Lehre? Kreuze an.

☐ Wer im Sommer fleißig ist,
kann sich im Winter ausruhen.

☐ Wer im Sommer gerne singt,
hat im Winter Zeit zu tanzen.

☐ Wer im Sommer keine Vorräte sammelt,
muss im Winter hungern.

⑥ In der Fabel handeln und sprechen meist Tiere.
Unterstreiche mit verschiedenen Farben, was die beiden Tiere sagen.
Suche dir Partner für eine Partnerleseübung.

⑦ Die Ameise meint, dass die Grille im Sommer nicht gearbeitet hat.
Was meinst du? Schreibe deine Meinung dazu auf.

_____

_____

_____

_____

_____

_____

▸ zu BB Ich und du

3.–5. Lösungen mit Hilfe von Textstellen belegen: einrahmen, markieren, ankreuzen
6. Markieren der wörtlichen Rede, dialogisches Vorlesen

7. eigene Gedanken zum Text entwickeln und sich mit einem Partnerkind austauschen

15

1. Lies zuerst den ganzen Text.

2. Formuliere eine Aussage zum Text.

3. Suche nach Textstellen, die diese Aussagen belegen.

Berufe auf den Gipfeln der Erde

Bauarbeiter auf einer Baustelle in den Bergen

Auf einer Baustelle in den Bergen zu arbeiten ist mühsam. Die Bauarbeiter müssen oft den letzten Teil des Weges bis zur Baustelle zu Fuß gehen. Das schwere Werkzeug tragen sie auf dem Rücken. Den Bagger bringt ein Hubschrauber

5 zur Baustelle. Die Bauarbeiter bohren Löcher in den Fels, sprengen Gestein oder graben mit einem Spezialbagger. Sie bauen Wege, Brücken oder Wasserleitungen auf Bergen, die über 3 000 Meter hoch sind.

Helikopter-Pilot und Bergretter

Ein Pilot im Gebirge muss seinen Hubschrauber

10 sicher zum Einsatzort fliegen. Bis zu 7 000 Meter hoch fliegen die Piloten und retten Menschen, die in Not sind oder sich verletzt haben. Die Flüge sind nicht einfach. Blitzschnell muss der Pilot bei Wind, Nebel oder Schneefall reagieren.

15 Hoch oben ist die Luft viel dünner. Da hat auch der Pilot weniger Kraft und Ausdauer.

● der Fels:
zusammenhängende Masse aus Gestein

● der Gipfel:
die Spitze des Berges, die höchste Stelle

● die Route (sprich: Rute):
der Weg

○ die Sicherungstechniken:
z. B. Anseilen, Abseilen, Knoten …

Bildungsstandard:
Texte erschließen / Aussagen mit Textstellen belegen

Schritte des Lesetrainings mit der gesamten Lerngruppe bzw. in kleineren Gruppen einführen, Begriffserklärungen nutzen, ggf. weitere Begriffe klären

▸ zu BB Ich kenne mich aus

Mit dem Bergführer auf den Gipfel

Ein Bergführer führt Menschen auf die Gipfel der Berge –
zum Beispiel auf den Kilimandscharo in Afrika oder auf
die Zugspitze in den Alpen. Er legt die Route fest und
20 entscheidet, wann und wo sie entlangwandern oder klettern.
Wer Bergführer werden will, muss ein guter Bergsteiger,
Skifahrer, Wanderer oder Eiskletterer sein. Auch das muss
er können: Sicherungstechniken, Erste Hilfe, Wetter-
beobachtung, Fremdsprachen und vieles mehr.

① Formuliere eine Aussage darüber, was ein Bergführer können muss.

_____

_____

Notiere die Zeilen, mit der du die Aussage belegen kannst.

Zeile _____ bis Zeile _____

② Ergänze die Aussagen.

Aussage	stimmt	stimmt nicht
Ein Pilot muss _____ reagieren können.	X	
Die Piloten fliegen bis zu _____ Meter hoch.		X

③ Formuliere eine Aussage über die Bauarbeiter, die stimmt.

_____

_____

④ Welcher Aussage stimmst du zu? Kreuze an.

☐ Berufe auf den Gipfeln der Erde sind gefährlich.
☐ Berufe auf den Gipfeln der Erde sind langweilig.

① Lies den Witz gemeinsam mit Partnerkindern.
Ihr könnt den Witz auch spielen.

Hoch oben im Gebirge auf einer Bergwiese sitzt ein Hirte
und klatscht alle zehn Sekunden laut in die Hände.
Ein Bergsteiger kommt auf dem Weg zum Gipfel vorbei und fragt:
„Aber warum klatschst du denn immerzu?"
Da erklärt der Hirte: „Um die Elefanten zu vertreiben."
Verwundert sagt der Bergsteiger: „Aber hier sind doch gar keine Elefanten!"
Darauf der Hirte: „Na also! Da siehst du, dass sich mein Klatschen lohnt."

② Welche Wörter passen? Schreibe die Wörter in die Lücken.

Winter

Über den **Bergrücken**
läuft eine Gänsehaut.

Die _____ **nase**
schnupft den Rotz hoch.

Der _____
zieht sich die Stiefel über.

Der _____
schlüpft in den wollenen Ärmel.

Nur die _____
kümmert sich nicht um die Kälte
und leckt das Eis vom gefrorenen See.

Hans Manz

Hügel**fuß**

Fluss**arm**

Bergrücken

Land**zunge**

Berg**nase**

③ Löse die Knobelei.

Fünf Wanderer steigen auf einen Berg.
Der Letzte strengt sich plötzlich sehr an und
überholt den Zweiten. Der Wievielte ist er jetzt?

☐ Erster.   ☐ Zweiter.   ☐ Dritter.

1. und 3. Übungen zum Überprüfen von Hypothesen

2. Übung zum Aufbauen und Überprüfen von Hypothesen

▶ **zu** BB Ich kenne mich aus

4 Wie oft kannst du das Wort Berg lesen? Kreuze an.

☐ 9 ☐ 10 ☐ 11 ☐ 12

BERGRETTERBERGBEWOHNERBERGDORFBERGBAU
BERGFÜHRERBERGGIPFELBERGSTATIONBERGTOUR
BERGSCHUHBERGWANDERUNGBERGWELTBERGSPITZE

5 Was gehört nicht in den Rucksack eines Wanderers?
Streiche die Wörter.

Brot   Schokoladenriegel   Schlafsack   Wasser

Ohrenstäbchen   Äpfel   Salami   Bügeleisen   Socken

Käse   Fernsehapparat   Banane   Katzenfutter

6 Ergänze die rätselhaften Bergnamen.

Zugspitze   Kilimandscharo   Mount Everest

Höhe	2962 m höchster Berg Deutschlands	5895 m höchster Berg Afrikas	8848 m höchster Berg der Welt

7 Lies genau und nummeriere die Zeilen in der richtigen Reihenfolge.

Unglaublich hoch!

☐ Kilimandscharo bedeutet auf Swahili, einer

☐ Hügel von Njaro". Der Kilimandscharo

☐ ostafrikanischen Sprache: „Kleiner

☐ ist der höchste Berg Afrikas. Seine

☐ Höhe beträgt 5895 Meter.

① Lies die Überschrift und schau dir das Bild an.
Überfliege den Text. Denke nach: Worum könnte es im Text gehen?
Was weißt du schon über das Thema? Was möchtest du erfahren?

Die Bezwingung des Dreihöhlenbergs

Am nächsten Tag wollte Großvater
die vier Kinder und die zwei Hunde auf
die erste Etappe mitnehmen, das war der
erste Teil des Plans, wie sie den Drei-
5 höhlenberg bezwingen wollten.
So hieß der Berg, der im Osten des Hau-
ses in Helgeboda lag und über tausend
Meter hoch war. Aber so hoch würden
sie am ersten Tag nicht gehen, sondern
10 nur bis zur ersten Höhle, deren Eingang
hinter drei kleinen Birken lag.
Großvater trug einen Rucksack, denn
der Plan war, in der ersten Grotte ein
Basislager einzurichten. Keins der
15 Kinder wusste, was ein Basislager war,
aber Großvater erklärte es ihnen, bevor
sie aufbrachen: Wenn man eine sehr
schwierige Bergbesteigung durchfüh-
ren wollte, zum Beispiel auf den Drei-
20 höhlenberg, dann konnte man das nicht
auf einmal tun. Es war zu weit und zu
anstrengend. Man wurde hungrig. Und
Elsas Pfoten würden wehtun, wenn sie
nicht ausruhen konnte. Also musste
25 man Pausen machen, zum Beispiel in
der ersten Höhle. Dann würden Vorräte dort sein, sodass man sich ausruhen
konnte und essen.
Deshalb musste man Proviant und an-
30 deren Bedarf zur ersten Grotte hinauf-
tragen, in das Basislager. Dann würde

man zum Haus hinuntergehen, und am
nächsten Tag könnte man weiter den
Berg hinaufgehen, aber im Basislager bei
35 der ersten Grotte ausruhen und essen.
So machte man es bei richtig schweren
Bergbesteigungen.
„Krass", sagte Marcus. „Ich habe im
Fernsehen gesehen, wie sie es machen,
40 wenn sie auf den Himlamaja steigen."
„Himalaja", sagte Ia. „Nicht Himlamaja."
„Sie sind jedenfalls auf einen hoch-
geklettert, der Himlamaja hieß", sagte
Marcus wütend.
45 „Du bist noch zu klein", sagte Ia. „Das
begreifst du nicht. Mit fünf begreift man
noch nicht."
„Aber ich hab's im Fernsehen gesehen,
als ich zwei war", sagte Marcus. „Und da
50 begreift man!"
Und schon begannen Ia und Marcus
sich zu prügeln, wie gewöhnlich.
Aber Großvater sagte: „Wenn man
sich auf eine große und gefährliche

20
1. vor dem Lesen des Textes: Verfahren zur
ersten Orientierung nutzen und Vorwissen
aktivieren

Vermutungen einzelner Kinder zum Textinhalt vortragen und gemeinsam darüber
nachdenken, Begriffserklärungen nutzen,
ggf. weitere Begriffe klären

▸ zu BB Ich kenne mich aus

55 Expedition begibt, darf man sich nicht prügeln, dann muss man zusammenhalten. Hört auf!"

„Himlamaja", sagte Marcus. „Himlamaja, Himlamaja, Himlamaja!"

60 Gegen zehn Uhr hatten sich alle beruhigt. Großvater hatte den Rucksack voll Proviant gepackt und man machte sich auf den Weg zur ersten Höhle.

Per Olov Enquist

● **die** Grotte: eine Höhle

aufbrechen: losgehen

● **der** Proviant: Essen und Trinken

● **der** Bedarf: wichtige Dinge

---

② Formuliere eine Aussage über den Dreihöhlenberg.

_____

_____

Notiere die Zeilen, mit der du die Aussage belegen kannst.

Zeilen _____

③ Marcus und Ia streiten sich. Worum geht es im Streit? Kreuze an.
Im Streit geht es um den Namen

☐ eines Bergsteigers.

☐ einer Fernsehsendung.

☐ eines Gebirges.

④ Großvater erklärt den Kindern, was ein Basislager ist.
Suche im Text die passende Stelle und markiere die Stelle.

⑤ Im Text steht: „Und schon begannen Ia und Marcus sich zu prügeln, wie gewöhnlich." Was bedeutet „wie gewöhnlich"?
Kreuze an.

☐ Die beiden Kinder prügeln sich in der Wohnung.

☐ Die beiden Kinder prügeln sich nur manchmal.

☐ Die beiden Kinder prügeln sich fast jeden Tag.

⑥ Ist Großvater ein erfahrener Bergsteiger? Was meinst du?
Schreibe deine Meinung in dein Heft.

1. Suche dir Kinder für ein Lesetheater.

2. Lest den Text abwechselnd laut.

3. Verteilt die Rollen.

4. Übt den Text, bis ihr ihn gemeinsam gut vortragen könnt. Achtet auf genaues und flüssiges Lesen, auf Lautstärke und Betonung und den passenden Einsatz.

5. Schätzt gegenseitig euren Trainingserfolg ein. Nutzt die Kriterien.

Ali telefoniert

Erzähler: Bei Familie Arslan klingelt das Telefon. Der Sohn Ali nimmt ab.

Ali: Hallo!

Anrufer: Sind deine Mama oder dein Papa zu Hause?

Ali: Nö.

Anrufer: Könntest du bitte deiner Mama eine Nachricht von mir geben?

Ali: Kann ich machen.

Anrufer: Hol bitte mal einen Stift und ein Blatt Papier ans Telefon.

Ali: Warte mal.

Erzähler: Ali geht los und sucht einen Buntstift und Papier.

Ali: So, jetzt bin ich wieder zurück, aber der Stift ist abgebrochen.

Erzähler: Der Anrufer wird langsam ungeduldig.

Anrufer: Na, dann hol mal einen anderen Bleistift oder einen Kugelschreiber.

Ali: Ja, mach ich.

22   Bildungsstandard:
über Lesefähigkeiten verfügen / altersgemä-
ße Texte flüssig lesen
    Schritte des Lesetrainings mit der gesam-
ten Lerngruppe bzw. in kleineren Gruppen
einführen
    ► zu BB Bei mir zu Hause

Erzähler: Ali geht noch einmal los. Es dauert
eine ganze Weile, dann ist er wieder am Telefon.

Ali: So, jetzt habe ich einen Bleistift.
Was soll ich jetzt machen?

Anrufer: Jetzt schreibst du Folgendes …

Erzähler: Ali unterbricht den Anrufer:

Ali: Weißt du was?

Erzähler: Der Anrufer ist nun langsam richtig genervt.

Anrufer: Nein, was ist denn jetzt schon wieder los?

Ali: Ich kann überhaupt noch nicht schreiben,
ich gehe doch noch in den Kindergarten …

 ① Suche dir Partnerkinder. Führt das Lesetheater durch.

 ② Schätze deinen Trainingserfolg ein.
Bitte auch deine Partnerkinder um eine Einschätzung.

	Selbsteinschätzung	Partnereinschätzung
flüssiges Vorlesen	☆☆☆☆☆	☆☆☆☆☆
(fast) fehlerfreies Vorlesen	☆☆☆☆☆	☆☆☆☆☆
passende Lautstärke	☆☆☆☆☆	☆☆☆☆☆
treffende Betonung	☆☆☆☆☆	☆☆☆☆☆
passender Einsatz	☆☆☆☆☆	☆☆☆☆☆

③ Welche Überschrift passt auch zum Text? Schreibe auf.

_____

▶ zu BB Bei mir zu Hause

1. Verteilen der Rollen, Einüben des Textes,
Textvortrag, Partnerarbeit
2. Selbsteinschätzung, Einschätzung durch
Partnerkinder

3. eigene Gedanken zu Texten entwickeln,
eine passende Überschrift ausdenken

23

1 Verbinde die Satzteile, die zusammengehören.

Die Mutter von Miris Papa ist

Der Bruder von Miris Mama ist

Der Sohn von Miris Tante ist

Der Vater von Miris Mama ist

Die Schwester von Miris Papa ist

Miri ist die Enkelin

der Onkel von Miri.

der Opa von Miri.

die Oma von Miri.

der Cousin von Miri.

von ihren Großeltern.

die Tante von Miri.

2 Kennst du diese Lieblingsspeisen von Janeks Familie?
In jedem Wort ist ein verkehrter Buchstabe.
Schreibe die Speisen richtig auf.

● die Gemüsesippe

● der Thuntischsalat

○ die Brotkartoffeln

_____

_____

_____

● der Nadelauflauf

● die Fladenbrutpizza

○ die Waldpelze

_____

_____

_____

3 Lies den Witz gemeinsam mit Partnerkindern.
Ihr könnt den Witz auch spielen.

Frau Rossi trifft Anuschka im Treppenhaus und fragt:
„Ich habe gehört, dass du ein Brüderchen
bekommen hast. Wie heißt denn der Kleine?"
Anuschka überlegt und antwortet:
„Wissen wir noch nicht, Frau Rossi,
der Kleine spricht noch so undeutlich."

1. Übung zum Aufbauen und Überprüfen von Hypothesen

2. und 3. Übungen zum Überprüfen von Hypothesen

▸ **zu** BB Bei mir zu Hause

4 Lies die Zungenbrecher ohne Fehler und so schnell wie möglich. Stoppe die Zeit.

Bürsten mit schwarzen Borsten bürsten besser als Bürsten mit braunen Borsten.

Wir Wiener Waschweiber würden weiße Wäsche waschen, wenn wir wüssten, wo warmes Wasser wäre.

Klitzekleine Kinder können keinen Kaffee kochen. Keinen Kaffee können klitzekleine Kinder kochen.

5 Wie heißen diese sechs Gegenstände richtig? Suche zum ersten Wortteil den passenden zweiten Wortteil und verbinde beide. Schreibe dann die Wörter auf.

Essflasche   Kochofen   Bratmaschine

Spüllöffel   Trinktopf   Backpfanne

Esslöffel, _____

_____

6 Lies genau und nummeriere die Zeilen in der richtigen Reihenfolge.

Unglaublich schwer!

☐ Welches Tierbaby ist am schwersten? Es sind

☐ misst sechs bis acht

☐ die schwersten Jungen bekommen.

☐ Ein neugeborener „kleiner" Blauwal

☐ die Riesen der Meere, die Blauwale, die

☐ Meter und wiegt zwei bis drei Tonnen.

① Lies die Überschrift und schau dir die Bilder an.
Überfliege den Text. Denke nach: Worum könnte es im Text gehen?
Was weißt du schon über das Thema? Was möchtest du erfahren?

Seltsamer Besuch bei Familie Hinz

Erzähler: Es ist Abend. Gerade als Vater Hinz seiner Familie aus dem Geisterbuch vorlesen möchte, klopft plötzlich ein kleiner Junge ans Fenster. Die Familie lässt ihn eintreten. Der Junge kommt allen etwas komisch vor. Der Vater fragt:

Vater Hinz: Wie heißt du? Woher kommst du?

Saramar: Ich heiße Saramar und bin vom Planeten Helga. Ich habe meinen Fortbeweger verpasst.

Vater Hinz: Du bist ein frecher Lümmel!

Erzähler: Die restliche Familie schüttelt ungläubig die Köpfe. Saramar bittet:

Saramar: Ich müsste mal auf den Ort der Umwandlung.

Erzähler: Die Mutter fragt nach:

Mutter Hinz: Ort der Umwandlung?

Saramar: Ja, so heißt er bei uns. Dort wandeln wir die Nahrung, die wir zu uns genommen haben, nach einer gewissen Zeit in andere Dinge um.

Erzähler: Sohn Holger versteht Saramar.

Holger: Der meint das Klo!

Erzähler: Vater Hinz zeigt Saramar die Toilette. Dort lässt sich Saramar viel Zeit.

Holger: Ich muss auch aufs Klo!

Mutter Hinz: Ja, schau doch mal nach dem Kleinen!

Erzähler: Holger klopft an die Klotür.

Holger: He, ich muss auch auf den Ort der Umwandlung!

Saramar: Komme schon!

Erzähler: Saramar geht zurück zum Wohnzimmer. Als er sich aufs Sofa setzt, hört die Familie plötzlich Holger laut schreien. Kurz darauf steht er wieder in der Wohnzimmertür, ganz weiß im Gesicht, und sagt zu Saramar:

1. vor dem Lesen des Textes: Verfahren zur ersten Orientierung nutzen und Vorwissen aktivieren

Vermutungen einzelner Kinder zum Textinhalt vortragen und gemeinsam darüber nachdenken, Begriffserklärungen nutzen, ggf. weitere Begriffe klären

▸ zu BB Bei mir zu Hause

Holger:	Hast vergessen zu spülen.
Vater Hinz:	Kein Grund, so zu brüllen.
	Man hätte ja meinen können,
	du seist ins Klo gefallen.
Holger:	Na, ihr müsstet mal sehen,
	was er da im Klo vergessen hat
	runterzuspülen!
Erzähler:	Herr und Frau Hinz werden neugierig
	und gehen zur Toilette.
Vater Hinz:	Sieht aus wie Gold! Nicht zu glauben!
Mutter Hinz:	Aber das kann doch nicht sein! Kein Mensch kann so Gold machen.
Vater Hinz:	Aber vielleicht ein Helgaianer!

Bernd Hagemann

② Suche dir Partnerkinder. Führt das Lesetheater durch.

③ Schätze deinen Trainingserfolg ein.
Bitte auch deine Partnerkinder um eine Einschätzung.

	Selbsteinschätzung	Partnereinschätzung
flüssiges Vorlesen	☆☆☆☆☆	☆☆☆☆☆
(fast) fehlerfreies Vorlesen	☆☆☆☆☆	☆☆☆☆☆
passende Lautstärke	☆☆☆☆☆	☆☆☆☆☆
treffende Betonung	☆☆☆☆☆	☆☆☆☆☆
passender Einsatz	☆☆☆☆☆	☆☆☆☆☆

④ Saramar spricht von seinem Fortbeweger.
Was stellst du dir darunter vor? Male.

► zu BB Bei mir zu Hause — 2. Verteilen der Rollen, Einüben des Textes, Textvortrag, Partnerarbeit — 3. Selbsteinschätzung, Einschätzen durch Partnerkinder — 4. handelnd mit Texten umgehen: malen

27

1. Lies jeden Abschnitt.

2. Markiere wichtige Wörter in jedem Abschnitt.

3. Welche markierten Wörter sind besonders wichtig? Schreibe höchstens fünf Wörter oder Wortgruppen zu jedem Abschnitt auf. Nutze für jeden Abschnitt ein Kärtchen.

4. Verbinde die Kärtchen mit einem roten Faden.

5. Stelle den Text mit Hilfe des roten Fadens vor.

Wissenswertes über das alte Ägypten

I Die Ägypter lebten entlang des Flusses Nil in Ägypten. Ursprünglich waren sie Nomaden, die entdeckten, dass die Erde an den Ufern des Nils überaus fruchtbar war. Vor etwa 8 000 Jahren legten die Ägypter am Ostufer
5 des Nils Dörfer an, bauten Getreide an und hielten Vieh. Ihre Herrscher schufen die Königreiche Unterägypten und Oberägypten.

II Um 3 100 v. Chr. vereinigten sich die beiden Königreiche unter einem König, dem Pharao. Die Ägypter glaubten,
10 er sei der Sohn des Sonnengottes Amun-Re. Das neue Reich wurde reich und mächtig. Es entwickelte sich zu einer Kultur, die 3 000 Jahre überdauern sollte.

III Jeder Ägypter musste dem Pharao gehorchen. Die Ägypter glaubten, der Pharao wäre das Bindeglied
15 zwischen Menschen und Göttern. Wenn ein Pharao starb, wurde er selbst zu einem Gott. Fast alle Pharaonen waren Männer. Doch es gab auch außergewöhnliche Herrscherinnen.

Bildungsstandard:
Texte präsentieren / Texte, Bücher und Medien begründet auswählen und präsentieren

Schritte des Lesetrainings mit der gesamten Lerngruppe bzw. in kleineren Gruppen einführen, Begriffserklärungen nutzen, ggf. weitere Begriffe klären

▸ zu BB Ich stelle mir vor

20 Die meisten Ägypter waren Bauern, Händler oder Handwerker. Doch es gab auch viele gelehrte Männer. Zusammen bildeten die Ägypter eine starke Gesellschaft. Sie schufen viele Dinge, die wir heute noch bewundern, von den gewaltigen Pyramiden bis zum wunderschönen Schmuck.

nach Fiona MacDonald

○ die Nomaden:
Menschen, die umherziehen, keinen festen Wohnsitz haben

○ gelehrte Männer:
Männer mit großem Wissen

● die Kultur:
Leistungen von Menschen zu einer bestimmten Zeit, an einem bestimmten Ort, z. B. Pyramiden, Höhlenmalereien …

① Ordne die Überschriften den Textabschnitten zu.

Abschnitt _____ : Mächtige Pharaonen

Abschnitt _____ : Leben am Nil

Abschnitt _____ : Berufe im alten Ägypten

Abschnitt _____ : Ein starkes Reich

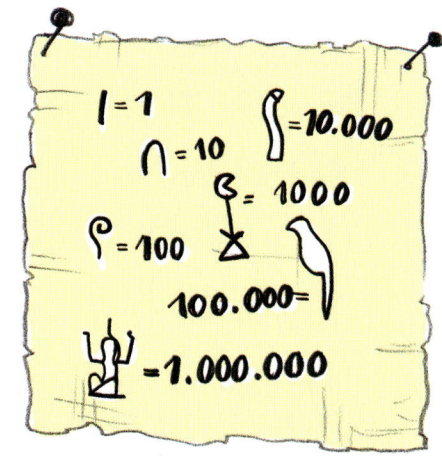

② Lies die markierten Wörter und Wortgruppen in Abschnitt 1. Wähle vier bis fünf Wörter aus. Schreibe sie auf das Kärtchen.

③ Erstelle einen roten Faden. Markiere in jedem Abschnitt wichtige Wörter und Wortgruppen. Wähle vier bis fünf Wörter aus. Schreibe sie auf das Kärtchen.

④ Suche dir ein Partnerkind. Stelle den Inhalt des Textes mit Hilfe deines roten Fadens vor.

 ▸ **zu** BB Ich stelle mir vor

1. zentrale Aussagen eines Textes erfassen: Überschriften Textabschnitte zuordnen

2.–4. einen roten Faden zum Text erstellen: wichtige Wörter und Wortgruppen auswählen und notieren, Präsentation, Partnerarbeit

29

① Setze aus den Silben vier wichtige Wörter für
Ägypten-Experten zusammen.

Pa	ko	mi	ra	Py	Sar	Mu
py	de	phag	en	rus	mi	

② Setze die Namen der Tiere passend in die Lücken des Gedichts ein.

Gazelle   Kamel   Forelle

In dieser Minute

In der Minute, die jetzt ist –

Und die du gleich nachher vergisst,

Geht ein _____ auf allen vieren

Im gelben Wüstensand spazieren.

Und auf den Nordpol fällt jetzt Schnee,

Und tief im Titicacasee

Schwimmt eine lustige _____

Und eine hurtige _____

Springt in Ägypten durch den Sand.

Eva Rechlin

③ Lies die Zungenbrecher ohne Fehler und so schnell wie möglich.
Stoppe die Zeit.

Stampfende Nilpferde mampfen dampfende Pflanzen,
dampfende Pflanzen mampfen stampfende Nilpferde.

In den Pyrenäen suchen Papa und Paul vergeblich Papyrus,
Pythonschlangen und Pyramiden.

1. und 3. Übungen zur Segmentierung von
Wörtern in Wortteile   2. Übung zum Aufbauen und zum Überprüfen von Hypothesen   ▸ **zu** BB Ich stelle mir vor

④ Lies den Witz gemeinsam mit Partnerkindern.
Ihr könnt den Witz auch spielen.

Am hellen Tag stampft ein Nilpferd in das Gasthaus an der Ecke.
Es trinkt drei Gläser Apfelsaft, zahlt und geht. Der Wirt ruft
fassungslos: „Unglaublich! Hier war noch nie ein Nilpferd!"
Da dreht sich das Nilpferd um und schnaubt:
„Bei deinen Preisen wirst du sicher auch nie
mehr eins in deinem Laden sehen."

⑤ Lies den Text genau. Finde heraus,
was das ägyptische Wort „Basal" bedeutet.

Basal – was ist das?
Schon im alten Ägypten ernteten die Menschen in
ihren Gärten Datteln, Feigen, Melonen und Trauben.
Als Gemüse war ganz besonders die **Basal** beliebt.
Sie wurde sogar als Lohn an die Arbeiter abgegeben.
Wahrscheinlich war die **Basal** kleiner und vielleicht auch
süßer und milder als unsere heutige **Basal**. Die **Basal** gilt als
sehr gesund. Auch wir verwenden sie gerne in unserer Küche.
Wir schälen die **Basal**, hacken sie klein oder schneiden sie
fein in Ringe. Nur tränen uns dabei leider oft die Augen.

Basal bedeutet _____

⑥ Lies genau und nummeriere die Zeilen in der richtigen Reihenfolge.

Unglaublich riesig!

☐ Die höchste Pyramide Ägyptens und

☐ der Welt ist die Cheops-Pyramide. Sie

☐ wurde als Grabmal für den ägyptischen

☐ sie eine Höhe von 147 Metern. Später

☐ Pharao Cheops gebaut. Ursprünglich hatte

☐ wurde sie als Steinbruch benutzt. So beträgt

☐ ihre Höhe heute nur noch 138,75 Meter.

① Lies die Überschrift.
Überfliege den Text. Denke nach: Worum könnte es im Text gehen?
Was weißt du schon über das Thema? Was möchtest du erfahren?

Die Olchis in der Ägypten-Ausstellung

*Die beiden Olchi-Kinder wollen Geburtstag feiern und
Olchi-Papa fährt mit ihnen in die Stadt. Da kommen sie
am Stadtmuseum vorbei …*

Olchi-Papa deutete auf ein Plakat, das am

5 Eingang hing, und sagte zu den Olchi-Kindern:
„Seht euch das an, sieht das nicht krötig aus?" Auf
dem Plakat war eine ziemlich gruselige, vertrocknete
Mumie abgebildet. Im Museum zeigten sie nämlich
gerade eine Ausstellung mit Fundstücken aus

10 dem alten Ägypten und das Foto der Mumie sollte
die Besucher anlocken. „Schleime-Schlamm-und-
Käsefuß, das müssen wir uns genauer ansehen",
riefen die Olchi-Kinder.

Heute war der letzte Tag der Ausstellung. Es war

15 schon zehn Minuten vor sechs und um sechs
wurde das Museum geschlossen. Aber das
interessierte die Olchis nicht. Neugierig wuselten
sie in das Museum hinein, und da sie so klein waren,
konnten sie unbemerkt am Kassenhäuschen

20 vorbeischlüpfen. Auch der Museumswärter, der
vor den Ausstellungsräumen die Eintrittskarten
kontrollierte, bemerkte die Olchis nicht. Er war
gerade zur Toilette gegangen, denn so kurz vor
Schluss erwartete er keine Besucher mehr.

> Eingang
> nicht krötig
> gruselige Mumie
> Foto
> Käsefuß

> Olchi-Papa
> Plakat
> gruselige Mumie
> Alt-Ägypten-Ausstellung
> Olchi-Kinder

● die Vitrine: müffeln: ● das Nickerchen: bestattet:
Glasschrank   riechen, stinken   ein kurzer Schlaf   beerdigt

1. vor dem Lesen des Textes: Verfahren zur
ersten Orientierung nutzen und Vorwissen
aktivieren
    Vermutungen einzelner Kinder zum Text-
inhalt vortragen und gemeinsam darüber
nachdenken, Begriffserklärungen nutzen
bzw. Begriffe klären
    ▸ zu BB Ich stelle mir vor

25 Die Olchis standen in einem großen dunklen Raum
zwischen beleuchteten Vitrinen. Darin lagen goldene
Schmuckstücke, uralte Tontafeln mit geheimnisvollen
Schriftzeichen, Münzen und Vasen.
„Schrottiger Käserich", brummte das eine Olchi-Kind
30 enttäuscht und sie liefen hinüber zum nächsten Raum.
Hier war es schon interessanter.

Sie blieben vor einem großen Sarkophag stehen,
denn dieser steinerne Kasten müffelte geheimnisvoll.
In solchen Sarkophagen hatten die alten Ägypter vor
35 viertausend Jahren ihre Toten bestattet.
Olchi-Papa hob den schweren Deckel mit einer Hand
ein Stückchen hoch. Er streckte die Knubbelnase hinein.
„Es riecht nach uralten Fischgräten!", freute er sich und
roch noch einmal genießerisch. „Und nach Krötenfurz!",
40 meinte das eine Olchi-Kind. Sie schoben den Deckel
ganz zur Seite – der Sarkophag war leer.

„Da drinnen könnten wir doch ein kleines Nickerchen
machen, was meint ihr?", schlug Olchi-Papa vor und
musste auch schon gähnen. Alle drei kletterten in
45 den Sarkophag hinein, streckten sich gemütlich aus
und Olchi-Papa schob den Deckel zu. Kurz nach sechs
kam der Museumswärter in den Raum. Das Schnarchen
der Olchis konnte er nicht hören. Er löschte das Licht,
ging hinaus und sperrte die Tür zu.

Erhard Dietl

② Vergleiche die beiden Kärtchen zum ersten Abschnitt.
Welches Kärtchen fasst den Inhalt des Abschnitts besser zusammen?
Umrahme das Kärtchen.

③ Markiere in jedem Abschnitt wichtige Wörter und Wortgruppen.
Wähle vier bis fünf Wörter aus. Schreibe sie auf das Kärtchen.

④ Suche dir ein Partnerkind. Stelle den Inhalt des Textes
mit Hilfe deines roten Fadens vor.

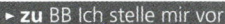

1. Gestalte eine Chipsrolle außen passend zum Buch.
   Beschrifte die Rolle mit Titel, Autor und Verlag.

2. Bearbeite folgende Aufgaben auf A4-Blättern:
   – Fertige Steckbriefe zu den wichtigsten Figuren an.
   – Male ein Bild zu deiner Lieblingsstelle.
     Übe, diese Stelle gut vorzutragen.
   – Sammle oder zeichne wichtige Gegenstände,
     die im Text vorkommen.
   – Schreibe eine Buchbewertung.

3. Denke dir weitere Aufgaben aus.

4. Klebe alle Blätter aneinander und
   stecke sie in deine Rolle.

Die Kurzhosengang

Die Leute fragen oft, was es denn Wichtiges über die Kurzhosengang zu wissen gibt. Hier sind die wichtigsten Punkte:

Die Kurzhosengang sitzt im Kino immer
5 in der siebten Reihe auf den Plätzen 22, 23, 24 und 25. Wir gehen nur am Samstagnachmittag ins Kino. Die Kurzhosengang würde sich lieber Filme im Abendprogramm ansehen, das könnt
10 ihr mir glauben. Filme wie *Blutiges Massaker* oder *Tot und begraben und dreimal draufgehauen*. Da wir aber nun mal elf Jahre alt sind, haben wir keine große Wahl.

15 Einmal im Monat fahren Snickers' Eltern übers Wochenende aufs Land und dann bekommt Snickers von der ganzen Gang Besuch. Kaum haben die Eltern die Wohnung verlassen, sprintet

20 Snickers zum Telefon und ruft uns an. „Die Luft ist rein." Fünf Minuten später erklingt vor dem Haus ein Dröhnen. Island bremst, kickt den Seitenständer seiner Maschine raus und prüft seine
25 Frisur im Chrom des Auspuffs. Gleichzeitig komme ich quietschend um die Kurve und berühre mit einem Knie den Asphalt.

Bildungsstandard:
Texte präsentieren/Texte, Bücher und Medien begründet auswählen und präsentieren

Schritte des Lesetrainings mit der gesamten Lerngruppe bzw. in kleineren Gruppen einführen, Begriffserklärungen nutzen, ggf. weitere Begriffe klären

► zu BB Zeit für mich

Zement folgt mit einer Stunde Ver-
30 spätung und weiß eigentlich noch
nicht, dass er schon losgefahren ist.
Im Wohnzimmer erwarten uns dann
Fernseher und Videorekorder und
Tüten mit Chips. Die Kurzhosengang
35 ist ein Riesenfan von Horrorfilmen.

Die Namen der Kurzhosengang sind
natürlich nicht unsere richtigen Namen.
Niemand wird geboren und heißt
Snickers oder Island oder Zement.
40 Auch würde keine Mutter ihr Kind
Rudolpho nennen. So was nennt man
inkognito sein.

Wir leben in einer kleinen kanadischen
Stadt, in der jeder schon mal mit dem
45 anderen gesprochen hat. Wenn wir auf
die Straße gehen, sehen wir anders aus
als zu Hause. Wir gucken und laufen
und reden anders. Wir sind dann lässig
wie Eiswürfel am Strand von Tahiti.
50 Unsere Eltern gehen an uns vorbei und
denken: *Da ist ja wieder die Kurzhosengang. Sie denken nicht: Da sind ja unsere
Kinder.*

*Zoran Drvenkar,
Victor Caspak,
Yves Lanois*

● die Gang: inkognito:
eine Bande   den wahren Namen geheimhalten

---

① Fertige einen Steckbrief über die Kurzhosengang an.

Namen der Mitglieder: _____

_____

Alter: _____

Wohnort: _____

Lieblingsfilme: _____

Besonderheiten: _____

_____

② Gestalte eine Chipsrolle passend zum Buch.
Du kannst die Rolle auch in dein Heft zeichnen.

① Löse die Knobelei. Wie ist die Reihenfolge der Freunde?
Schreibe die Namen geordnet auf.

Rudolpho, Snickers, Island und Zement fahren mit
ihren Fahrrädern um die Wette. Aber wer ist der Schnellste?
Snickers ist nicht der Dritte, aber besser als Zement.
Zement belegt nicht Platz zwei, und Rudolpho liegt direkt vor Island.

② Lesetipps – was gehört zusammen?
Rahme jeweils mit der gleichen Farbe ein.

Jenny und Juli sind die allerbesten Freundinnen auf der Welt. Sie verbringen ihre gesamte Freizeit miteinander und sind einfach glücklich. Bis Jenny von einer Minute auf die andere durch eine Zeitreise in die Zukunft ein ganzes Jahr verliert. Ein Jahr, in dem Julis Familie etwas Schreckliches zugestoßen ist.	Rico und Oskar sind schon zwei seltsame Typen. Rico ist ein tiefbegabter Junge, der immer ein bisschen länger denken muss als alle anderen. Oskar ist dagegen hochbegabt. Beide Jungen lernen sich in Berlin-Kreuzberg kennen und müssen gleich ein gefährliches Abenteuer bestehen.	Pünktchen und Anton sind Freunde. Pünktchens Vater ist Fabrikdirektor und die Familie lebt in einem großen Haus. Antons Mutter ist krank und bettelarm. Anton muss deshalb Geld dazuverdienen. Darum ist er in der Schule auch oft müde. Da kommt Pünktchen auf eine geniale Idee …

seit über 70 Jahren
eine humorvolle
Geschichte für Jungen
und Mädchen

für alle Liebhaber von
Detektivgeschichten

spannungsgeladener
Thriller für junge
Mädchen

Dieses Buch interessiert mich am meisten:

1. Übung zum Überprüfen von Hypothesen

2. Übung zum Aufbauen und Überprüfen von Hypothesen

▸ **zu** BB Zeit für mich

③ Lies den Witz gemeinsam mit Partnerkindern.
Ihr könnt den Witz auch spielen.

Die Oma sagt zu Maxi: „Du darfst dir von mir
zum Geburtstag ein schönes Buch wünschen!"
Maxi strahlt übers ganze Gesicht: „Ui! Das ist toll, Oma!
Dann wünsch ich mir dein Sparbuch!"

④ Füge die passenden Wörter in die Lücken ein.

Das Lesen

Das Lesen, Kinder, macht Vergnügen.

Vorausgesetzt, dass man es kann.

In Straßenbahnen und in _____

Und auch zu Haus liest _____.

Wer lesen kann und Bücher hat,

ist nie allein in Land und _____.

Ein Buch, das uns gefällt,

hilft weiter durch die _____.

Zügen	jedermann
irgendwann	Lügen
Stadt	Schule
Welt	Zeit

James Krüss

⑤ Lies genau und nummeriere die Zeilen in der richtigen Reihenfolge.

Unglaublich riesig!

☐ Das größte Buch der Welt ist

☐ wohl kaum in eine übliche Buchhandlung.

☐ Das schwerste Buch der Welt ist „Das Buch der

☐ ein Bildband. Mit einer Größe von

☐ Apokalypse". Es wiegt 210 Kilogramm, so viel

☐ wie etwa ein Pony wiegt.

☐ 3,07 Meter mal 3,42 Meter passt der Bildband

1 Lies die Überschriften.
Überfliege den Text. Denke nach: Worum könnte es im Text gehen?
Was weißt du schon über das Thema? Was möchtest du wissen?

Das kanarienvogelgelbe Haus mit der delfinblauen Tür

Roxy Sauerteig zieht mit ihrer Mutter in das kanarienvogelgelbe Haus in der Berliner Ferdinand-Otto-Straße ein. Für Roxy beginnt ein Abenteuer …

5 An den Seiten der Ferdinand-Otto-Straße reihten sich von eins bis hundert meist fünfstöckige Häuser Wand an Wand, die sauber und pastellfarbig aufeinander abgestimmt waren. Nur das
10 Haus mit der Nummer Drei fiel aus der Reihe. Es war kanarienvogelgelb und seine Eingangstür in Delfinblau gehalten. Das war schon ziemlich lange so, denn hier und da rollte bereits die Farbe von
15 der Fassade ab und gab dem Haus das Aussehen eines vertrockneten Blätterteigs. Auch sonst wirkte das Haus mit der Nummer Drei eigenwillig und besonders, wenn nicht gar geheimnisvoll.
20 Das fand zumindest Roxy, die ihren Blick soeben an der gelben Fassade aufsteigen ließ und bemerkte, wie sich der Vorhang im vierten Stock bewegte. Ein Schatten verschwand dahinter. „Hier
25 steht unser Name", rief Roxy. „Sauerteig!" Begeistert wies sie auf das Klingelbrett. Über *Heinrich, Lofing, Feudel, Rasedorn, Radke* und *Grindelmann* standen sie. Ganz oben. Frau Sauerteig
30 wurde kalkbleich. So hatte sie sich das nicht vorgestellt.

Katharina Reschke

Das zitronengelbe Haus mit dem Duft nach warmem Brot

Kalle Knappe wohnt mit seiner Familie in einem kleinen Städtchen. Kalle Knappe ist ein starker Typ und möchte berühmt werden.

5 Ich brauche keinen Wecker. Ich wache auf, wenn mein Magen knurrt, weil es im ganzen Haus nach warmem Brot duftet. Wir wohnen in einem zitronengelben Haus, das so viereckig wie ein
10 Würfel ist. Wir, das sind Papa, Mama, Oma Nita und ich. Im ersten Stock des Zitronenwürfels wohnen wir. Im Keller befindet sich Papas Backstube. Dort ist es selbst im Winter warm und gemüt-
15 lich. Im Erdgeschoss haben wir unseren Laden. Wenn ein Kunde die drei Stufen zum Haus hochsteigt und durch die Tür kommt, bimmelt ein kleines Glöckchen über dem Türrahmen und er
20 steht mitten im Paradies. Dann kann er auswählen zwischen Brezeln, Rosinenbrötchen und Kaisersemmeln. Selbstverständlich gibt es auch jede Menge Kuchen und Torten. Wenn ich in die
25 Schule muss, haut sich Papa aufs Ohr, und Mama verkauft mit Oma Nita, was Papa gebacken hat. Mama sagt, ich bin ihr „Krapfen". Süß und rund. Blöd ist nur: Krapfen mag jeder. Aber Jungs,
30 die aussehen wie Krapfen, mag keiner.

Charlotte Habersack

1. vor dem Lesen des Textes: Verfahren zur ersten Orientierung nutzen und Vorwissen aktivieren — Vermutungen einzelner Kinder zum Textinhalt vortragen und gemeinsam darüber nachdenken, Begriffserklärungen nutzen, ggf. weitere Begriffe klären — ▶ **zu** BB Zeit für mich

fiel aus der Reihe: ● die Fassade: haut sich Papa aufs Ohr:
hier: sah anders aus   die Hauswand   hier: geht schlafen

② Was erfährst du über Roxy und Kalle? Ergänze die Steckbriefe.

Vorname: _____ _____

Nachname: _____ _____

Wohnort: _____ _____

Name der Straße: _____ _____

Stockwerk der Wohnung: _____ _____

Familie: _____ _____

_____ _____

③ Erkläre die drei Farbnamen.

Kanarienvogelgelb bedeutet, etwas ist so gelb wie _____.

Delfinblau bedeutet, etwas ist so _____.

Zitronengelb bedeutet, etwas ist so _____.

④ Wähle eine der beiden Aufgaben aus.

Was fühlt und denkt wohl Roxy, als sie das erste Mal vor
dem Haus Nummer Drei steht? Schreibe es in eine Gedankenblase.

Kalle ist ein bisschen pummelig. Was fühlt und denkt wohl Kalle
über sein Aussehen? Schreibe es in eine Gedankenblase.

⑤ In beiden Texten wird ein Haus näher beschrieben.
Wähle eine Beschreibung aus und fertige eine Zeichnung an.
Vergleicht eure Zeichnungen.

▸ **zu** BB Zeit für mich

2. wichtige Informationen in einem Text
finden
3. Wortbedeutungen erschließen

4. bei der Beschäftigung mit literarischen
Texten Sensibilität und Verständnis für
Gedanken und Gefühle zeigen
5. handelnd mit Texten umgehen

39

1. Lies die Frage / Aufgabe.

   Nach welchen Informationen musst du suchen?

2. Überfliege den Text.

   Suche und sammle alle passenden Informationen.

3. Beantworte die Frage.

   Füge dazu die Informationen zusammen.

Schüler News · Ausgabe März / April

SCHULZEITUNG DER GRUNDSCHULE SONNEWALDE

Redaktion: Pit Liebig, AG Schülerzeitung • Gestaltung: Amira Geduan, AG Schülerzeitung

Bundesligaverdächtig: zwei Kicker aus der 4b

In unserer Rubrik „Schülerhobbys" möchten wir euch heute Tom Brendel und Ahmad el Kasem aus der 4b vorstellen. Beide spielen seit drei Jahren bei Blau-Gelb Sonnewalde Fußball. Die beiden Kicker haben mit ihrer Mannschaft schon oft gesiegt. Tom und Ahmad sind die absoluten Torkönige.

„Fußballspielen macht echt Spaß. Deshalb könnte dreimal Training pro Woche sein", verriet uns Tom. Wenn Tom und Ahmad weiter fleißig am Ball bleiben, wird der Trainer der Bundesliga sicher bald anklopfen. *Lest weiter auf Seite 2.*

Mira Fedrowa, AG Schülerzeitung

Wetterstation Eichenberg war echt Spitze!

Am 7. März fuhr unsere Klasse zur Wetterstation nach Eichenberg. Mit dem Besuch der Wetterstation sind wir in unsere Projektwoche gestartet.

Lest dazu weiter auf Seite 5 bis 6.

Bildungsstandard:
Texte erschließen / gezielt einzelne Informationen suchen

Schritte des Lesetrainings mit der gesamten Lerngruppe bzw. in kleineren Gruppen einführen, Begriffserklärungen nutzen, ggf. weitere Begriffe klären

▸ **zu** BB Computermaus und Lesekater

multimedial:
viele Medien nutzen

bald anklopfen:
hier: vorbeikommen und die Jungen werben

① Wie oft erscheint die Schülerzeitung? Kreuze an.

☐ jede Woche   ☐ monatlich   ☐ alle zwei Monate

② Wer arbeitet in der AG Schülerzeitung mit? Schreibe die genannten Namen auf.

③ Wann fand der Klassenausflug der Klasse 4a statt? Kreise das Datum ein.

19. MÄRZ   **7. MÄRZ**   **7. APRIL**

④ Welches Projekt stellt die 4a in der Schülerzeitung vor?
Auf welchen Seiten? Ergänze.

Name des Projektes: _____

Seiten: _____

⑤ In welcher Rubrik werden zwei Jungen vorgestellt?

⑥ In der Schülerzeitung ist ein Interview abgedruckt.
Mit wem wurde das Interview geführt?

⑦ Auf welcher Seite kannst du Rätsel lösen? Notiere die Seite.

⑧ Antonio interessiert sich für Mathematik. Welchen Zeitungsartikel
würdest du ihm empfehlen? Rahme den Titel des Artikels ein.

① Lies den Witz gemeinsam mit Partnerkindern.
Ihr könnt den Witz auch spielen.

„Großer Betrug! 100 Opfer!", schreit der Zeitungsverkäufer.
Ein Kunde kauft die Zeitung, liest darin und fragt dann empört:
„Wieso rufen Sie so was, wenn es gar nicht in der Zeitung steht?"
Der Verkäufer ruft: „Großer Betrug! 101 Opfer!"

100 OPFER

② Welche Schlagzeile passt zu welchem Text?
Umrande in der gleichen Farbe.

Schnäppchenjagd im Zoo	Ostwind	Jäger kopfüber
Keine Angst: Dieser Fuchs ist nicht tot. Unter der Schneeschicht war eine Maus – und die wollte der Fuchs gern erwischen. Dazu sprang der Fuchs hoch in die Luft, um dann mit dem Kopf voran die Schneedecke zu durchstoßen.	Im Dezember hat der Allwetterzoo in Münster fünfmal so viele Besucher wie sonst. Der Grund: Die Besucher durften selbst bestimmen, wie viel Eintritt sie zahlen wollen.	Im Film freundet sich ein 13-jähriges Mädchen mit einem wilden Hengst an. Doch das Pferd soll verkauft werden. Das Mädchen setzt alles daran, das Pferd Ostwind zu retten.

③ Wie viel Mal findest du das Wort Zeitung?

☐ 3   ☐ 4   ☐ 5

ZEITUNGZEITUNGZEUTUNGZEITZEITZIETZEITUNGZEITANGZEITZEITUN

④ Finde eine Antwort auf die (Scherz-)Frage.

Warum tragen vorsichtige Menschen beim Zeitunglesen einen Sturzhelm?

Weil sie Angst vor den Schlagzeilen haben.

1. Übung zum Überprüfen von Hypothesen
2. Übung zum Aufbauen und Überprüfen von Hypothesen
3. Übung zum Segmentieren
4. Übung zum Aufbauen von Hypothesen

▶ zu BB Computermaus und Lesekater

5 Verrückte Schlagzeilen – was passt zusammen? Verbinde.

Ist das Kunst oder	der Verkehrskontrolle
Drei Tricks bei	kann das weg?
Bloß keine Ausreden	Stift und Papier
Tablet ersetzt	vom Kickerprofi

6 Abgeschnitten – ergänze die Wörter in jeder Zeile.

FÄLSCHUNGEN DES TAGES

Kann man so dumm sein? Man k_____

Bei einer Verkehrskontrolle in Hamb_____

legte ein Autofahrer der Polizei Ausw_____

Pass und Führerschein vor. Auf den dr_____

Dokumenten stand als Geburtsda_____

der 30. Februar.

7 Lies genau und nummeriere die Zeilen in der richtigen Reihenfolge.

Unglaublich viele Leser!

☐ Deutschland ist der größte

☐ Zeitungsmarkt Europas. Täglich

☐ ungefähr 350 Tageszeitungen.

☐ Sieben von zehn Deutschen über

☐ erscheinen in Deutschland

☐ eine Zeitung.

☐ 14 Jahren lesen regelmäßig

▸ **zu** BB Computermaus und Lesekater   5. und 7. Übungen zum Aufbauen und   6. Übung zum Aufbauen von Hypothesen
Überprüfen von Hypothesen

43

① Lies die Überschrift und schau dir das Bild an.
Überfliege den Text. Denke nach: Worum könnte es im Text gehen?
Was weißt du schon über das Thema? Was möchtest du erfahren?

Lola macht Schlagzeilen

*Lola und ihre Freundin Flo haben eine Idee: Sie wollen mit anderen
Viertklässlern eine Schülerzeitung machen. Der Fotograf Olaf Wildenhaus
arbeitet bei der Zeitung. Er zeigt den Kindern, wie eine Zeitung geschrieben wird.*

Frau Wiegelmann ist eine sehr, sehr gute
5 Lehrerin, aber von einem echten Zeitungsfotografen unterrichtet zu werden,
ist natürlich etwas ganz Besonderes. Als
Erstes fragte Olaf Wildenhaus, welche
Eigenschaften man als Reporter haben
10 muss.

„Man muss schlau sein", sagte Frederike.
„Man muss gut schreiben können", sagte
Ansumana.
„Man muss neugierig sein", sagte ich.
15 Die anderen lachten, aber Olaf Wildenhaus nickte. „Lola hat recht", sagte er.
„Das Neugierigsein ist für einen Reporter das Allerwichtigste. Denn für diesen
Beruf muss man viel über die Welt und
20 über die Menschen wissen wollen. Und
dazu muss man viele Fragen stellen."
„Wieso, weshalb, warum", sang Sol.
„Wer nicht fragt, bleibt dumm."
„Genau", sagte Olaf Wildenhaus.
25 Dann sprachen wir darüber, dass eine
Zeitung immer in verschiedene Themen
unterteilt ist und wir sollten sagen,
welche uns einfielen.
„Außergewöhnliche Entdeckungen",
30 sagte ich (und dachte an meine Fee).
„Wichtige Menschen", sagte Flo.

„Richtige Verbrecher", sagte ich (und
dachte an die Wasserpistolenbanditen).
„Krieg", sagte Tom aus der 4c.
35 „Witze", sagte Sol.
„Interviews", sagte ich (und dachte an
die Interviews von mir und Flo).
„Wilde Tiere", sagte Jonas.
„Fremde Länder", sagte Ansumana.
40 „Fremde Planeten", sagte Dimitris aus
der 4c.
„Das Wetter", sagte Larissa aus der 4a.
„Die Titelseite", sagte Frederike.
„Die Titelseite ist doch kein Thema!",
45 sagte Annalisa.
„Ist sie wohl", sagte Frederike.
„Ist sie nicht", sagte Annalisa.
„Ihr habt beide recht", sagte Olaf Wildenhaus. „Auf der Titelseite steht immer
50 das wichtigste Thema der Zeitung. Mal
ist es eine außergewöhnliche Entdeckung oder ein aufregendes Ereignis,

1. vor dem Lesen des Textes: Verfahren zur
ersten Orientierung nutzen und Vorwissen
aktivieren
Vermutungen einzelner Kinder zum Textinhalt vortragen und gemeinsam darüber
nachdenken, Begriffserklärungen nutzen
bzw. Begriffe klären

▸ zu BB Computermaus und Lesekater

mal ist es ein gesuchter Verbrecher oder ein berühmter Popstar. Und manchmal
55 ist es das Wetter."

„Und wer entscheidet, was das wichtigste Thema ist?", fragte ich.

„Das entscheidet der Chef der Zeitung", sagte Olaf Wildenhaus.

> außergewöhnlich:
> besonders, selten, einmalig

60 „Und manchmal entscheidet auch das Thema selbst. Wenn etwas besonders Aufregendes oder Außergewöhnliches passiert, will natürlich jede Zeitung davon auf ihrer Titelseite berichten."

65 „Zum Beispiel, wenn auf der Erde ein Ufo landet", sagte Dimitris aus der 4c.
„Zum Beispiel", lachte Olaf Wildenhaus.

Isabel Abedi

② In den Zeilen 1–16 erfährst du, wer die Ich-Erzählerin ist. Kreuze an.

☐ Frederike ☐ Ansumana ☐ Lola

③ Die Ich-Erzählerin schlägt drei Themen für die Zeitung vor.
Suche die Themen und schreibe sie auf.

_____

④ Welche Themen schlagen die Kinder aus der 4c vor? Ergänze die Tabelle.

Name des Kindes	Thema

⑤ Die Kinder nennen Eigenschaften, die ein Reporter haben muss.
Wie viele Eigenschaften nennen die Kinder? Kreuze an.

☐ 2 ☐ 3 ☐ 4

⑥ Welche Eigenschaft ist die wichtigste Eigenschaft eines Reporters?
Markiere im Text.

⑦ Welches Thema interessiert dich in der Zeitung am meisten?
Tausche dich mit einem Partnerkind aus.

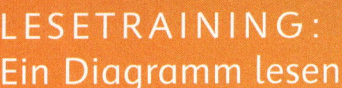

1. Überlege: Worüber informiert das Diagramm?
   Orientiere dich an der Überschrift und der Legende.

2. Vergleiche die Angaben im Diagramm.
   Formuliere dazu Aussagen.

   – Finde den höchsten und niedrigsten Wert.

   – Finde gleich große oder ähnliche Werte.

Täglicher Wasserbedarf für Tätigkeiten im Haushalt

Hast du schon einmal darüber nachgedacht, wie viel Wasser du täglich nutzt?
Wofür brauchst du beispielsweise morgens, mittags und abends Wasser?

In Deutschland verbraucht eine Person an einem Tag im Durchschnitt:

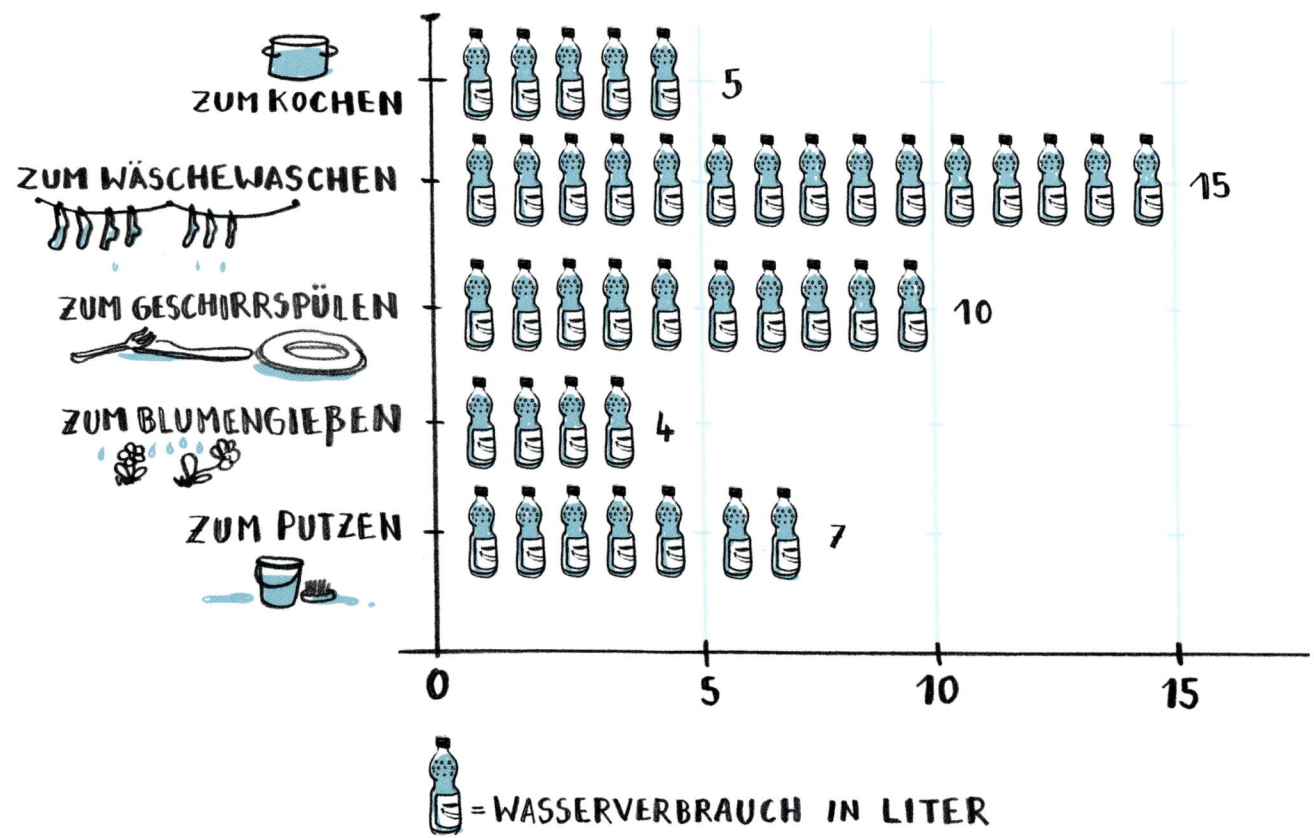

Bildungsstandard:
über Lesefähigkeiten verfügen/Sach- und
Gebrauchstexte kennen und verstehen

Schritte des Lesetrainings mit der gesamten Lerngruppe bzw. in kleineren Gruppen
einführen

► zu BB Die Welt um mich herum

① Worüber informiert das Diagramm? Kreuze an.
Das Diagramm informiert

☐ über den Tagesablauf einer Person.

☐ über den Wasserbedarf am Morgen.

☐ über eine gesunde Lebensweise.

☐ über Wasservorkommen im Haushalt.

☐ über den Wasserverbrauch einer Person.

② Finde den höchsten und den niedrigsten Wert im Diagramm.
Ergänze die Sätze.

Das meiste Wasser braucht man zum _____.

Das sind _____ Liter Wasser täglich.

Am wenigsten Wasser braucht man _____.

Das sind _____ Liter Wasser täglich.

③ Finde ähnliche Werte. Ergänze die Aussage.

Zum _____ und zum

_____ braucht man fast gleich viel Wasser.

④ Stimmt oder stimmt nicht? Kreuze an.

	stimmt	stimmt nicht
Zum Kochen braucht man weniger Wasser als zum Putzen.	☐	☐
Der Wasserverbrauch zum Geschirrspülen ist höher als zum Wäschewaschen.	☐	☐
Zum Putzen und zum Blumengießen wird fast gleich viel Wasser verbraucht.	☐	☐

① Ergänze die fehlenden Wörter. Löse das Rätsel.

Es ist Nebel, Wolken grau,

es ist Regen, _____,

rinnt, strömt, sprudelt, tropft und fließt,

rieselt, plätschert, tropft und _____,

brodelt, brandet, wogt und zischt,

reinigt, löscht den Durst, _____.

Helmut Zöpfl

gießt

erfrisch

liest

Morgentau

② Zu viel oder zu wenig Regen? Kreuze an.

	zu viel Regen	zu wenig Regen
Im Sommer gibt es im Süden Chinas viele Überschwemmungen und starke Regenfälle, tropische Stürme und Taifune.	☐	☐
Es wird zu einer großen Hungersnot in Indien kommen. Seit Monaten hat es nicht mehr geregnet.	☐	☐
Die lang anhaltende Dürre hat in Australien zu einer großen Wasserknappheit geführt. In manchen Gegenden verdursten die Tiere.	☐	☐
Das Elbehochwasser hat großen Schaden auf den Feldern verursacht.	☐	☐

verursacht: kommt von Ursache

1. Übung zum Aufbauen und Überprüfen von Hypothesen   2. Übung zum Aufbauen von Hypothesen   ▸ zu BB Die Welt um mich herum

③ Was die Leute über das Wetter sagen – Was meinen die Leute?
Ordne zu.

Es ist **bitterkalt** draußen.	Es regnet sehr stark.
Es **regnet** ja **Bindfäden**.	Es ist sehr heiß.
Heute ist **Kaiserwetter**.	Es ist sehr sonnig.
Eine **drückende Hitze** ist das wieder!	Es ist sehr kalt.
Die Sonne **strahlt aus allen Knopflöchern**.	Das Wetter ist sehr schön.

④ Lies den Witz gemeinsam mit Partnerkindern.
Ihr könnt den Witz auch spielen.

Der Lehrer in der Schule fragt die Schüler
nach den Eigenschaften des Wassers.
„Wasser ist manchmal grün oder manchmal blau", meint Lina.
„Es kann klar sein oder trüb!", sagt Milan.
Oskar weiß auch sofort eine Antwort:
„Wenn wir uns waschen, wird das Wasser ganz schwarz."

⑤ Lies genau und nummeriere die Zeilen in der richtigen Reihenfolge.

Unglaublich viel Wasser und Sonne!

☐ Die regenreichste Stadt in Deutschland

☐ ist Wuppertal. Am häufigsten scheint die

☐ gemessen. 2003 war auch der wärmste

☐ Sommer in ganz Deutschland.

☐ Sonne in Freiburg im Schwarzwald. Die

☐ Grad am 8. August 2003 im Saarland

☐ höchste Temperatur wurde bisher mit 40,3

► **zu** BB Die Welt um mich herum   3. Übung zum Aufbauen und Überprüfen von Hypothesen   5. Übung zum Aufbauen von Hypothesen
4. Übung zum Überprüfen von Hypothesen

49

① Lies die Überschriften und schau dir die Bilder an.
Überfliege den Text. Denke nach: Worum könnte es im Text gehen?
Was weißt du schon über das Thema? Was möchtest du wissen?

Wasserverbrauch in einigen Ländern der Welt

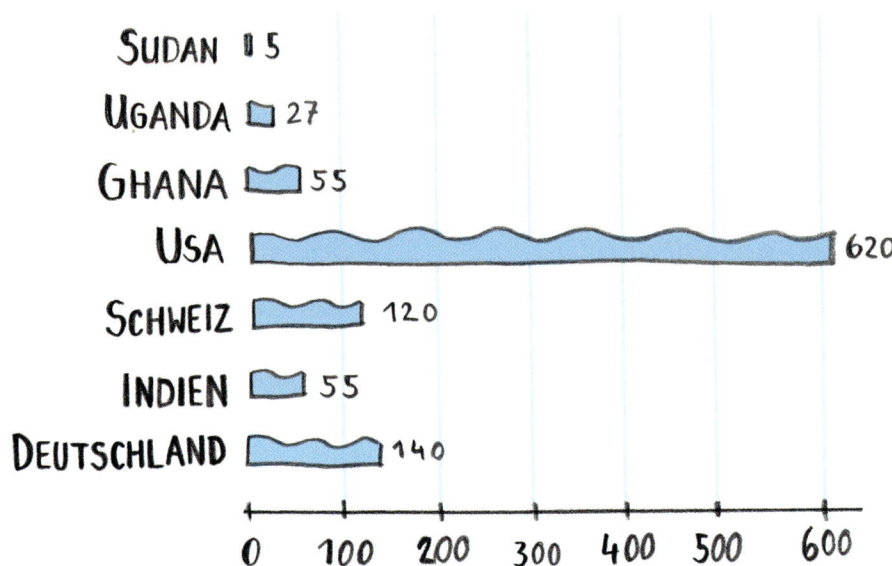

= WASSERVERBRAUCH
IN LITER
PRO PERSON UND TAG

Wassertropfen

Jeden Tag gehen die Frauen aus dem Dorf hinunter zum Fluss.
In großen Tonkrügen holen sie Wasser, denn im Dorf gibt es
keine Quelle.
Eines Morgens schaut eine der Frauen verträumt einem
5 Schmetterling hinterher. Dabei stolpert sie, und der Krug wird
beschädigt. Einen zweiten hat sie nicht, auch kein Geld für einen
neuen, und so umwickelt sie den Krug notdürftig mit ihrem Tuch.
Aber das Wasser tropft an den Bruchstellen heraus, und als sie
im Dorf ankommt, ist die Hälfte weg. „Ach", klagt sie, „was für
10 ein Unglück, warum war ich bloß so unvorsichtig? Alle anderen
bringen mehr Wasser nach Hause! Meine Mutter hat recht, ich
bin wirklich zu nichts nütze!"
Eines Morgens aber, als die Frauen wieder zum Fluss gehen,
ist der schmale Pfad gesäumt von grünen Gräsern und vielen
15 kleinen Blumen, rot, gelb und weiß leuchten sie. „Das waren
deine Wassertropfen", lachen die Frauen, „sie haben den
staubigen Weg zum Blühen gebracht."

● **der** schmale
Pfad:
der schmale
Weg

gesäumt von
Gräsern und
Blumen:
hier: rechts und
links vom Weg

1. vor dem Lesen des Textes: Verfahren zur
ersten Orientierung nutzen und Vorwissen
aktivieren

Vermutungen einzelner Kinder zum Textinhalt vortragen und gemeinsam darüber
nachdenken, Begriffserklärungen nutzen,
ggf. weitere Begriffe klären

▸ **zu** BB Die Welt um mich herum

② Worüber informiert das Diagramm? Schreibe auf.

_____

③ Welche Länder sind im Diagramm dargestellt?
Notiere 3 Ländernamen.

_____

④ Finde den höchsten und den niedrigsten Wert im Diagramm.
Ergänze die Sätze.

In diesem Land wird das meiste Wasser verbraucht: _____ .

Das sind _____ Liter pro Person und Tag.

In diesem Land können die Menschen am wenigsten Wasser

verbrauchen: _____ .

Das sind nur _____ Liter Wasser täglich.

⑤ Passt die Überschrift „Wasser ist kostbar" auch
zur Geschichte „Wassertropfen"? Begründe deine Meinung.

_____

_____

_____

⑥ Wähle eine der beiden Aufgaben aus.

Welche Zahlen im Diagramm überraschen dich? Warum?
Schreibe deine Meinung auf.

Kannst du einen Zusammenhang zwischen dem Diagramm und
der Geschichte „Wassertropfen" herstellen?
Schreibe deine Meinung auf.

1. Denke über den Text nach.
   Du kannst aufschreiben,
   – wie du die handelnden Figuren findest,
   – welche Textstelle für dich besonders wichtig,
     spannend oder lustig ist und warum,
   – welche Informationen für dich besonders
     interessant sind,
   – wie du den Schluss des Textes findest,
   – wie du den Text bewertest.
2. Tausche dich mit anderen über den Text aus.
   Nutze deine Notizen.

Im India House

Antons Familie hat Dilip, einen Jungen aus Indien adoptiert. Zur Begrüßung gehen alle zusammen in ein indisches Restaurant. Anton erzählt, was dort passiert.

Im *India House* empfing uns eine quiet-
schig singende Frauenstimme, und das
5 Erste, was uns ins Auge fiel, waren der
Springbrunnen und die riesige Elefan-
tengottfigur dahinter. Dilip lief sofort
begeistert hin, um sie zu bewundern,
und als der Kellner es sah, bekamen wir
10 sogar einen Platz direkt am Springbrunnen. Die Speisekarten waren merkwür-
digerweise auf Englisch, eine Sprache,
die Papa gut und Mama ein bisschen
kann.
15 „*Vindaloo*?", fragte Mama. „Was heißt
denn *Vindaloo*?"
„Fenster", sagte Papa, was mir komisch
vorkam. Dilip tippte einfach an zwei
Stellen auf die Speisekarte.
20 „*Mutton Palak* und *Mango Lassi* für den
jungen Mann", notierte der Kellner.

„Und die anderen Herrschaften?"
„Au ja!", rief Mama begeistert, „wir tip-
pen einfach irgendwo drauf und lassen
25 uns überraschen! Das habe ich neulich
erst wieder gelesen: Wer glücklich sein
will, der braucht die kleinen Abenteuer
des Alltags!"
„Aha?", sagte Papa verdutzt. „Na gut,
30 wie du meinst." Also tippten wir und
unser Abenteuer konnte beginnen.
Während wir warteten, führte Mama
mit meinem neuen Bruder ein erstes
wichtiges Gespräch.

Bildungsstandard:
Texte erschließen/Vorstellungen und
Gedanken zu Texten entwickeln, zu Texten
Stellung nehmen und mit anderen über
Texte sprechen

Schritte des Lesetrainings mit der gesamten
Lerngruppe bzw. in kleineren Gruppen
einführen, Begriffserklärungen nutzen bzw.
Begriffe klären

► zu BB Bei uns und anderswo

35 Ab da hörte ich nicht mehr richtig hin, sondern schaute mir die Speisekarte genauer an und lauschte dabei auf die seltsame Musik und das leise Geplätscher des Springbrunnens.

40 „Würdest du dich vielleicht auch mal am Gespräch beteiligen, Anton?", raunzte Papa mich plötzlich an.
„Diese Speisekarte ist sehr interessant", sagte ich. Wenn man sie auf den Kopf

45 dreht und von der anderen Seite aufschlägt, ist alles auf Deutsch."
Zuerst wollte Mama sich ihr Abenteuer nicht verderben lassen, aber dann hielt sie es doch nicht aus und guckte nach,

50 was *Mutton Vindaloo* war.
„*Mutton* ist Lammfleisch!", las sie. „Ist das nicht wunderbar? Ich liebe Lammfleisch! Seht ihr, wenn man die richtigen Schwingungen aussendet, dann kommt

55 immer genau das Richtige …"
Sie lächelte Dilip an.
Aber als das abenteuerliche Essen kam und sie den ersten Bissen *Mutton Vindaloo* probierte, war es so höllenscharf,

60 dass ihr vor Schreck die Gabel aus der Hand fiel.

Salah Naoura

anraunzen:	O **die** richtigen Schwingungen aussenden:
jemanden streng ansprechen	zuversichtlich sein, auf das Gute hoffen

① Bewerte, wie du den Text findest.

Es macht mir Spaß, den Text zu lesen.	☆☆☆☆☆
Ich kann den Textinhalt gut verstehen.	☆☆☆☆☆
Ich finde die Figuren im Text anschaulich beschrieben.	☆☆☆☆☆

Insgesamt gebe ich dem Text _____ Sterne.

② Notiere eine Textstelle, die du besonders lustig findest. Begründe.

Besonders lustig finde ich die Textstelle von Zeile _____ bis Zeile _____ ,

weil _____ .

③ Was denkst du über Antons Mama? Notiere deine Gedanken im Heft.

④ Tausche dich mit Partnerkindern über den Text aus.
Nutze deine Notizen.

① Wie heißen diese Länder? Streiche die Silbe durch, die nicht zum Namen gehört. Notiere.

Däbornemark   Grietochenland

_____   _____

Marokkobra   Inridien

_____   _____

Slowamikei   Brafosilien

_____   _____

② Finde das richtige Lösungswort. Kreise das Wort ein.

Das Wort

Das Wort,
es hat's nicht leicht mit uns.
Das find ich recht gemein.
Erst will es jeder werden
Und dann will's keiner sein.

Wie heißt das Wort?

Paul Maar

dumm

lustig

schön

alt

langweilig

③ Kannst du Niederländisch? Finde zu jedem Wochentag die deutsche Übersetzung.

woensdag (sprich: *wunsdach*)   Montag

zondag (sprich: *sonndach*)   Dienstag

vrijdag (sprich: *vräidach*)   Mittwoch

maandag (sprich: *mahndach*)   Donnerstag

dinsdag (sprich: *dinsdach*)   Freitag

donderdag (sprich: *donderdach*)   Samstag

zaterdag (sprich: *saterdach*)   Sonntag

4 Lies den Witz gemeinsam mit Partnerkindern.
Ihr könnt den Witz auch spielen.

Ein Tourist in Bayern fragt einen Einheimischen:
„Würden Sie mir bitte sagen,
wie der große Berg da drüben heißt?"
„Woas'n füa oana?", antwortet der Bayer.
Der Tourist bedankt sich:
„Ach ja, so heißt der? Vielen Dank auch!"

5 Übe die merkwürdigen Adressen so lange,
bis du sie ganz flüssig vorlesen kannst.

Florian Flores
Florastraße 10
Florenz

Stella Stockberg
Stockgatan 11
Stockholm

Frank Frankenstein
Frankenallee 13
Frankenthal

Rosita Rosario
Rosenweg 17
Rosenheim

6 Finde eine Antwort auf die (Scherz-)Frage.

Wo schmecken den Italienern die Spagetti ganz besonders gut?

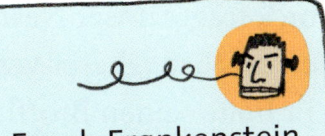

Auf der Zunge!

7 Lies genau und nummeriere die Zeilen in der richtigen Reihenfolge.

Unglaublich viel!

	Wie viele Sprachen gibt es auf der
	Welt? Diese Frage ist nicht so einfach
	Sprache, die von den meisten Menschen
	zu beantworten. Sprachforscher jedoch
	schätzen, dass es 6 500 Sprachen gibt. Die
	gesprochen wird, ist das Mandarin-Chinesisch.

Meer (chinesisch)

► zu BB Bei uns und anderswo | 4. Übung zum Überprüfen von Hypothesen | 6. und 7. Übungen zum Aufbauen und Überprüfen von Hypothesen
5. Übung zur Segmentierung

55

① Lies die Überschrift und schau dir die Bilder an.
Überfliege den Text. Denke nach: Worum könnte es im Text gehen?
Was weißt du schon über das Thema? Was möchtest du erfahren?

Wie Nasreddin einen Wirt mit dem Klang des Geldes bezahlte

Nasreddin, so heißt es, ging eines Tages über
den Basar. Plötzlich hörte er Lärm und Geschrei aus
einer Garküche. Er ging sogleich hinein und sah,
wie der dicke Wirt einen Bettler am Kragen schüttelte,
5 weil der Bettler nicht zahlen wollte.
„Was ist denn hier für ein Lärm?", fragte unser Nasreddin.
„Dieser Landstreicher", brüllte der Wirt, „dieser verfluchte
Strolch kam in meine Küche. Er holte seinen Brotfladen
aus der Tasche und hielt ihn so lange über den Bratspieß,
10 bis er nach Hammelfleisch roch und noch einmal so gut
schmeckte. Dann aß er den Fladen auf, und nun will
er nicht zahlen."
„Stimmt das?", fragte Nasreddin den Bettler streng,
der vor lauter Angst kein Wort hervorbrachte und
15 nur mit dem Kopf nickte.
„Das ist nicht gut", sagte Nasreddin. „Es ist unrecht,
fremdes Gut ohne Bezahlung zu benutzen."
„Hörst du, was dieser ehrwürdige Mann dir sagt,
du zerlumpter Strolch?", fragte der Wirt erfreut.
20 „Hast du Geld?", fragte Nasreddin den Bettler.
Dieser holte ein paar Kupfermünzen aus der Tasche.
Gleich streckte der Wirt seine fette Pfote aus.

- **der** Basar: Markt
- **die** Garküche: ein einfaches Speiselokal
- **der** Strolch, Landstreicher: Schimpfwort für Bettler
- **das** fremde Gut: etwas, das einem nicht selbst gehört

---

1. vor dem Lesen des Textes: Verfahren zur ersten Orientierung nutzen und Vorwissen aktivieren

Vermutungen einzelner Kinder zum Textinhalt vortragen und gemeinsam darüber nachdenken, Begriffserklärungen nutzen bzw. Begriffe klären

▶ **zu** BB Bei uns und anderswo

„Warte noch", hielt ihn Nasreddin zurück. „Hier, horch mal!"
Er schüttelte die hohle Faust vor dem Ohr des Wirtes und ließ die Münzen

25 eine Weile klimpern. Dann gab er dem Bettler das Geld zurück und sagte:
„Ziehe hin in Frieden, armer Mann."
„Was?", rief der Wirt aus. „Ich habe das Geld doch gar nicht bekommen!"
„Er hat dich bezahlt, und ihr seid quitt!", antwortete Nasreddin. „Er roch
den Duft deines Bratens, und du hörtest den Klang des Geldes!"

Leonid Solowjow

O die Kupfermünzen:	klimpern:	quitt:
Geldmünzen	das Geräusch von mehreren Geldmünzen	etwas ist erledigt, jeder hat seinen Teil bekommen

② Wie findest du den Wirt? Beschreibe ihn mit
einem treffenden Adjektiv und begründe.

Ich finde den Wirt _____ , weil _____

_____ .

③ Wie findest du den Schluss der Geschichte?
Finde ein treffendes Adjektiv und begründe.

Ich finde den Schluss _____ , weil _____

_____ .

④ Bewerte, wie du den Text findest.

Es macht mir Spaß, den Text zu lesen.	☆☆☆☆☆
Ich kann den Textinhalt gut verstehen.	☆☆☆☆☆
Der Text hat mich zum Nachdenken angeregt.	☆☆☆☆☆

Insgesamt gebe ich dem Text _____ Sterne.

⑤ Tausche dich mit Partnerkindern über den Text aus.
Nutze deine Notizen.

1. Bereite ein Gedicht zum Vorlesen vor.
   Lies das Gedicht mehrmals leise und halblaut.
   Kennzeichne Textstellen,
   – die du besonders sprechen möchtest,
   – wo du kürzere (I) oder längere (II) Pausen machen willst,
   – wo du deine Zuhörer während des Vortrags
     anschauen möchtest.

2. Lies das Gedicht mehrfach laut, bis du es
   flüssig und ausdrucksvoll vortragen kannst.
   Achte auf das, was du gekennzeichnet hast.

3. Trage das Gedicht einem Partnerkind vor.
   Schätze danach selbst deinen Vortrag ein.
   Bitte dein Partnerkind um eine Einschätzung.

Kinder, wie die Zeit vergeht

Kinder, wie die Zeit vergeht,
das ist nicht zu fassen. I
Jänner, Feber, März, April
flitzen wie die Hasen. II

Mai, Jun-, Juli und August,
Septem- und Oktober
und Dezember, schon ist Schluss,
and the year is over! II

Jahr fängt an!
Jahr ist aus!
Neues Jahr beginnt!
Kinder, wie die Zeit vergeht
rasendschnellgeschwind.

Alfons Schweiggert

① Lies das Gedicht leise und laut.
  Kläre Wörter, die du nicht verstehst.

② Bereite das Gedicht zum Vortragen vor.

③ Übe das Gedicht flüssig vorzutragen.
  Achte auf das, was du gekennzeichnet
  hast.

④ Trage das Gedicht einem Partnerkind
  vor. Schätze den Vortrag ein. Bitte auch
  dein Partnerkind um eine Einschätzung.

	Selbsteinschätzung	Partnereinschätzung
flüssiger und sicherer Vortrag	☆☆☆ ☆☆	☆☆☆ ☆☆
treffende Betonung	☆☆☆ ☆☆	☆☆☆ ☆☆
passende Pausen	☆☆☆ ☆☆	☆☆☆ ☆☆
Blickkontakt	☆☆☆ ☆☆	☆☆☆ ☆☆

Bildungsstandard:
Texte präsentieren/selbst gewählte Texte
zum Vorlesen vorbereiten und sinngestal-
tend vorlesen

Schritte des Lesetrainings mit der gesamten Lerngruppe bzw. in kleineren Gruppen
einführen, Begriffserklärungen nutzen
bzw. Begriffe klären, ggf. Hinweis, dass
der Autor aus Bayern stammt

► zu BB Durch das Jahr

Herbstblätter

Langsam fällt jetzt Blatt für Blatt
von den bunten Bäumen ab.
Jeder Weg ist dicht besät
und es raschelt, wenn man geht.
Bunte Blätter falln vom Baum,
schweben sacht, man hört es kaum.
Plötzlich trägt ein Wind sie fort,
wirbelt sie von Ort zu Ort.
Wie sie flattern, wie sie fliegen,
sinken und am Boden liegen.

Erna Fritzke

Wenn die Blätter fallen

Heute regnet's Blätter
und das macht uns Spaß,
denn vom Blätterregen
werden wir nicht nass.

Die Blätterpfützen rascheln
leis bei jedem Schritt,
wir wollen darin waten
– wer von euch kommt mit?

Rudolfine Fellinger

besät:	sinken:	waten:
hier: voller Blätter	langsam herunterfallen	gehen

① In beiden Gedichten gibt es eine Stelle, die dasselbe beschreibt.
Markiere diese Stellen.

② Welches Gedicht möchtest du für einen Vortrag einüben?
Begründe deine Auswahl.

Ich möchte gerne das Gedicht _____

vortrag, weil _____ .

③  Bereite den Gedichtvortrag vor.
Lies das Gedicht dann
einem Partnerkind vor.
Schätze den Vortrag ein.
Bitte auch dein Partnerkind um
eine Einschätzung.

	Selbst-einschätzung	Partner-einschätzung
flüssiger und sicherer Vortrag	☆☆☆ ☆☆	☆☆☆ ☆☆
treffende Betonung	☆☆☆ ☆☆	☆☆☆ ☆☆
passende Pausen	☆☆☆ ☆☆	☆☆☆ ☆☆
Blickkontakt	☆☆☆ ☆☆	☆☆☆ ☆☆

▶ zu BB Durch das Jahr

1. Lösung mit Hilfe von Textstellen belegen: markieren
2. Gedichtauswahl und Begründung der Wahl

3. Erarbeitung des Gedichtvortrags mit Hilfe der Tipps aus dem Lesetraining, ausdrucksvolles Vortragen, Selbst- und Partnereinschätzung

59

Dezember

Ein Baum
Ohne Laub
Steht einsam
Im Nebel …

Bald bringen
Raue Winde
Kalte Fröste
Oder Regen …

Schon schläft
Erschöpft
Die Erde ein
Vorm Winter

Schenk ihr,
Dezember,
Ein Federbett
Aus Schnee

Paulina Žemgulyté

Winterrätsel

Ich falle vom Himmel
in wirrem Gewimmel.
Ich schimmre
und flimmre
und decke das Land
zahllos wie Sand.

Doch unversehens
im Sonnenschein
schleich ich
und weich ich
und schlüpf ins Dunkel
der Erde hinein.

Friedrich Wilhelm Güll

Schnee

Draußen ist alles weiß
Beuge ich mich weit aus dem Fenster
begrüßt mich der Schnee
Er setzt mir
lautlos
eine Krone auf

So gehe ich
ein König
still durchs Haus

Heinz Janisch

① Löse das Rätsel im Gedicht von Friedrich Wilhelm Güll.
Schreibe auf, welche winterliche Besonderheit sich hier vorstellt.

Im Gedicht geht es um _____ .

② Lies und vergleiche alle drei Gedichte genau.
Kreuze die treffenden Aussagen an.

	Dezember	Winterrätsel	Schnee
Das Gedicht reimt sich.	☐	☐	☐
Das Gedicht besteht aus zwei Strophen.	☐	☐	☐
Im Gedicht hat jede Strophe vier Zeilen.	☐	☐	☐
Das Gedicht wurde von einer Autorin geschrieben.	☐	☐	☐
Im Gedicht fällt Schnee auf den Kopf eines Menschen.	☐	☐	☐
Im Gedicht wird auf den Schnee gewartet.	☐	☐	☐
Im Gedicht schmilzt der Schnee.	☐	☐	☐

③ Welches der drei Gedichte möchtest du für einen Vortrag einüben?
Begründe deine Auswahl.

Ich möchte gerne das Gedicht _____ vortragen, weil

_____ .

④ Bereite den Gedichtvortrag vor.
Lies das Gedicht dann
einem Partnerkind vor.
Schätze den Vortrag ein.
Bitte auch dein Partnerkind um
eine Einschätzung.

	Selbst-einschätzung	Partner-einschätzung
flüssiger und sicherer Vortrag	☆☆☆ ☆☆	☆☆☆ ☆☆
treffende Betonung	☆☆☆ ☆☆	☆☆☆ ☆☆
passende Pausen	☆☆☆ ☆☆	☆☆☆ ☆☆
Blickkontakt	☆☆☆ ☆☆	☆☆☆ ☆☆

⑤ Wähle eine Aufgabe zu deinem
vorgetragenen Gedicht aus:
– Lerne das Gedicht auswendig.
– Schreibe das Gedicht mit deiner
schönsten Schrift ab, gestalte es und verschenke es.
– Notiere Wörter aus dem Gedicht, die dir besonders gut gefallen.
Schreibe ein eigenes Wintergedicht und nutze diese Wörter.

▶ zu BB Durch das Jahr   2. Text erschließen, Ankreuzen   4. Erarbeitung des Gedichtvortrags mit   61
3. Gedichtauswahl und Begründung   Hilfe der Tipps aus dem Lesetraining,
der Wahl   ausdrucksvolles Vortragen, Selbst- und
5. handelnd mit Texten umgehen   Partnereinschätzung

Grün

Grün grün grün
riecht im Garten die Luft.
Grün grün grün
hat einen köstlichen Duft.

Maler Frühling

Der Frühling ist ein Maler,
er malet alles an,
die Berge mit den Wäldern,
die Täler mit den Feldern:
Was der doch malen kann!

Der Wind in den Blättern
summt ein grünes Lied,
das man im Sonnenschein
funkeln sieht.

Mit dem Kopf im Nacken,
unter Linden Buchen oder Föhren
kannst du das Grüne
sehen, spüren, riechen und hören.

Elisabeth Schawerda

Auch meine lieben Blumen
schmückt er mit Farbenpracht:
Wie sie so herrlich strahlen!
So schön kann keiner malen,
so schön, wie er es macht.

Heinrich Hoffmann von Fallersleben

● **der** Nacken: ● **die** Föhre:
eine Kiefer

---

① Welches der beiden Gedichte möchtest
du für einen Vortrag einüben?
Begründe deine Auswahl.

Ich möchte gerne das Gedicht

_____

vortragen, weil _____

_____ .

	Selbst-einschätzung	Partner-einschätzung
flüssiger und sicherer Vortrag	☆ ☆ ☆ ☆ ☆	☆ ☆ ☆ ☆ ☆
treffende Betonung	☆ ☆ ☆ ☆ ☆	☆ ☆ ☆ ☆ ☆
passende Pausen	☆ ☆ ☆ ☆ ☆	☆ ☆ ☆ ☆ ☆
Blickkontakt	☆ ☆ ☆ ☆ ☆	☆ ☆ ☆ ☆ ☆

② Bereite den Gedichtvortrag vor.

 Lies das Gedicht dann einem Partnerkind vor.

Schätze den Vortrag ein. Bitte auch dein Partnerkind um eine Einschätzung.

---

1. Gedichtauswahl und Begründung der Wahl

2. Erarbeitung des Gedichtvortrags mit Hilfe der Tipps aus dem Lesetraining, ausdrucksvolles Vortragen, Selbst- und Partnereinschätzung

▸ zu BB Durch das Jahr

Auf unserm alten Apfelbaum

Auf unserm alten Apfelbaum,
da bin ich gerne Gast.
Ich steig hinauf schon wie im Traum
und kenne jeden Ast.

Auf unserm alten Apfelbaum,
da ist das Laub so dicht.
Ich sage dir – ganz im Vertrau'n:
Da findet man mich nicht.

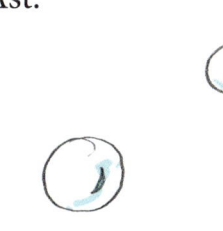

Auf unserm alten Apfelbaum,
da ist es wunderschön,
dort sitz ich, blase Seifenschaum
und kann den Sommer sehn.

Bernhard Lins

Juli

Ich singe auf der Schaukel.
Ich tanze mit dem Baum.
Ich schwing mich wie die Amsel
über den Gartenzaun.

Ich pflück mit meinem Munde
dem Kirschbaum Kirschen ab.
Ich schaukle, bis ich einmal
genug von Kirschen hab.

Ich lass die Stare schimpfen.
Die bilden sich wohl ein,
der Baum gehöre ihnen?
Der Baum ist aber mein.

Dieter Mucke

① Male zu einem der beiden Gedichte ein passendes Bild.

② Welches der beiden Gedichte
möchtest du für einen Vortrag einüben?
Begründe deine Auswahl.

Ich möchte gerne das Gedicht

_____

_____ vortragen, weil

_____ .

	Selbst-einschätzung	Partner-einschätzung
flüssiger und sicherer Vortrag	☆☆☆ ☆☆	☆☆☆ ☆☆
treffende Betonung	☆☆☆ ☆☆	☆☆☆ ☆☆
passende Pausen	☆☆☆ ☆☆	☆☆☆ ☆☆
Blickkontakt	☆☆☆ ☆☆	☆☆☆ ☆☆

③ Bereite den Gedichtvortrag vor.

 Lies das Gedicht dann einem Partnerkind vor.
Schätze den Vortrag ein. Bitte auch dein Partnerkind um eine Einschätzung.

▶ zu BB Durch das Jahr   1. handelnd mit Texten umgehen: malen   3. Erarbeitung des Gedichtvortrags mit
2. Gedichtauswahl und Begründung der   Hilfe der Tipps aus dem Lesetraining,
Wahl   ausdrucksvolles Vortragen, Selbst- und
Partnereinschätzung

63

Textquellen

S. 4/5 **Kožik, Christa**: Ein besonders schlimmer Schultag für Moritz (Auszug, gekürzt, leicht verändert, Überschrift hinzugefügt). Aus: Moritz in der Litfaßsäule. © 2005 leiv Leipziger Kinderbuchverlag GmbH, Leipzig

S. 6 **Herold, Gottfried**: Kleiner Unsinn. Aus: Mein Dackel heißt Emil. © 2000 Middelhauve Verlag GmbH, München

S. 7 **Erichson, Christa**. Aus: Null bis Zett. Mathematik nachschlagen. Lernbuchverlag, Donauwörth 2008

S. 7 **Maar, Paul**: Noten, Noten, Noten … Aus: Dann wird es wohl das Nashorn sein. © 1988 Beltz Verlag, Weinheim und Basel

S. 7 Unglaublich gruselig! (Überschrift ergänzt). Aus Geolino 1/2002, Verlag Gruner + Jahr, AG & Co. GmbH, Hamburg

S. 8/9 **Dorscheid, Kathrin**: Unterricht im fahrenden Klassenzimmer (Artikel gekürzt, Zwischenüberschriften ergänzt). Aus: www.geolino.de http://www.geo.de/GEOlino/mensch/unterricht-im-fahrenden-klassenzimmer-59325.html (Zugriff am 14.05.2013)

S. 10/11 **Schönfeldt, Sybil Gräfin** (Hrsg.): Das Wettrennen. Aus: Das Große Fabelbuch für Kinder. Betz Verlag, Wien, München 1997

S. 12 **Guggenmos, Josef**: Zwei Meisen fanden ein A. Aus: Ich will dir was verraten. Verlag Beltz & Gelberg, Weinheim 1992

S. 14 **Äsop**: Die Grille und die Ameise. Aus: Hans Gärtner: Aesop. 12 Fabeln. Michael Neugebauer Verlag, Gossau-Zürich 1999

S. 16/17 Berufe auf den Gipfeln der Erde. Texte nach GEOlino extra Nr. 35. Berge – Abenteuer in eisigen Höhen

S. 18 **Manz, Hans**: Winter. Aus: Christen, Victor/Wulff, Jürgen (Hrsg.): Schnick, schnack, schabernack. Oldenburg, Stalling 1973

S. 20/21 **Enquist, Per Olov**: Die Bezwingung des Dreihöhlenbergs (Auszug, gekürzt, Überschrift hinzugefügt). Aus: Großvater und die Wölfe. Hanser, München 2003

S. 22/23 Ali telefoniert (leicht verändert). Nach: http://www.labbe.de/zzzebra/index.asp?themaid=621&titelid=2798 (Zugriff am 15.05.2013)

S. 26/27 **Hagemann, Bernd**: Seltsamer Besuch bei Familie Hinz (Auszug, dramatisiert, leicht verändert; Überschrift hinzugefügt). Aus: Der kleine Hinz. Elefanten Press Verlag, Berlin 1994

S. 28/29 **MacDonald, Fiona**: Ägypter. Das Mitmachbuch. Aus dem Englischen von Die Textwerkstatt/Mag. Caroline Klima. tosa im Verlag Carl Ueberreuter, 2009

S. 30 **Rechlin, Eva**: In dieser Minute. Aus: Hans Baumann (Hrsg.): Ein Reigen um die Welt. 274 Gedichte aus 75 Sprachen. Bertelsmann Jugendbuchverlag, Gütersloh 1965

S. 32/33 **Dietl, Erhard**: Die Olchis in der Ägypten-Ausstellung. Aus: Die Olchis und die Grüne Mumie (Auszug gekürzt, Überschrift hinzugefügt). Verlag Friedrich Oetinger, Hamburg 2010

S. 34/35 **Drvenkar, Zoran; Caspak, Victor; Lanois, Yves**: Die Kurzhosengang (Auszug gekürzt). Carlsen Verlag, Hamburg 2005

S. 37 **Krüss, James**: Das Lesen. Aus: Der Zauberer Korinthe. Verlag Friedrich Oetinger, Hamburg 1990

S. 38 **Reschke, Katharina**: Roxy Sauerteig. Baumhaus Verlag in der Bastei Lübbe GmbH & Co KG, Köln 2012

S. 38 **Habersack, Charlotte**: Kalle gegen alle. Tulipan Verlag, Berlin 2011

S. 44/45 **Abedi, Isabel**: Lola macht Schlagzeilen (Auszug, gekürzt). Loewe Verlag, Bindlach 2005

S. 48 **Zöpfl, Helmut**: H_2O. Aus: Eine ganze Welt voll Wunder. Verlag Ludwig Auer, Donauwörth 1989

S. 50 Wassertropfen. Aus: Typisch! Kleine Geschichten für andere Zeiten. Verein Andere Zeiten, Hamburg 2005

S. 52/53 **Naoura, Salah**: Dilip und der Urknall und was danach bei uns geschah (Auszug, gekürzt, leicht geändert). Dressler Verlag, Hamburg 2012

S. 54 **Maar, Paul**: Das Wort. Aus: H. J. Gelberg (Hrsg.): Wo kommen die Worte her? Neue Gedichte für Kinder und Erwachsene. Beltz Verlag, Weinheim und Basel 2011

S. 56/57 **Solowjow, Leonid**: Wie Nasreddin einen Wirt mit dem Klang des Geldes bezahlte (Auszug, gekürzt). Aus: Die Schelmenstreiche des Nasreddin. Bearbeitet von Thomas Reschke auf der Grundlage einer Übersetzung von Ena von Baer. Volk und Welt, Berlin 1986

S. 58 **Schweiggert, Alfons**: Kinder, wie die Zeit vergeht. Aus: Seht, wie die Zeit vergeht. Beltz & Gelberg, Weinheim und Basel 1976

S. 59 **Fritzke, Erna**: Herbstblätter. Aus: Klick 3/4 Musik. Cornelsen, Berlin 2009. © Volk und Wissen Verlag

S. 59 **Fellinger, Rudolfine**: Wenn die Blätter fallen. Aus: Der neue Wünschelbaum. Gedichte für Kinder und ihre Erwachsenen. Ausgewählt von Georg Bydlinski. Dachs-Verlag, Wien 1999

S. 60 **Žemgulyté, Paulina**: Dezember. Aus dem Litauischen. Deutsch von Claudia Sinnig. Veröffentlicht im Arche Kinderkalender 2013, herausgegeben und ausgewählt von der Deutschen Jugendbibliothek München, Textrechte bei der Autorin

S. 60 **Güll, Friedrich Wilhelm**: Winterrätsel. Aus: Friedrich Güll und Franz Pocci: Kinderheimat in Liedern und Bildern. Insel Verlag, Frankfurt am Main 1975

S. 60 **Janisch, Heinz**: Schnee. Aus: Heute will ich langsam sein. Jungbrunnen Verlag, Wien 2005

S. 62 **Schawerda Elisabeth**: Grün. Aus: Elisabeth Schawerda, Helga Bansch: Das Geheimnis ist blau. Wiener Dom Verlag, Wien 2011

S. 62 **Hoffmann von Fallersleben, Heinrich**: Maler Frühling. Aus: Kinderlieder. Herausgegeben von Lionel von Donop. Georg Olms Verlag, Hildesheim/New York 1976

S. 63 **Lins, Bernhard**: Auf unserm alten Apfelbaum. Aus: Der neue Wünschelbaum. Gedichte für Kinder und ihre Erwachsenen. Ausgewählt von Georg Bydlinski. Dachs-Verlag, Wien 1999, Rechte beim Autor

S. 63 **Mucke, Dieter**: Juli. Aus: Ich blase auf dem Kamm. Kinderbuchverlag, Berlin 1977, Rechte beim Autor

Bildquellen

S. 8 picture alliance/dpa/Julian Stratenschulte

S. 16/1 f1online/Imagebroker/Alf Jönsson

S. 16/2 Bernhard Spöttel/mauritius images

S. 17 picture alliance/KEYSTONE/Arno Balzarini

S. 19/1 Iliyan Petrov/Panthermedia.net

S. 19/2 Graeme Shannon/Shutterstock.com

S. 19/3 Pichugin Dmitry/Shutterstock.com

S. 35 Drvenkar, Zoran; Caspak, Victor; Lanois, Yves: Die Kurzhosengang. Carlsen Verlag, Hamburg 2005

S. 36/1 Kästner, Erich: Pünktchen und Anton. Dressler Verlag, Hamburg 2011

S. 36/2 Kessler, Liz: Ein Jahr ohne Juli. Fischer Verlag, Frankfurt a. M. 2012

S. 36/3 Steinhöfel, Andreas: Rico, Oskar und die Tieferschatten. Carlsen Verlag, Hamburg 2008